公立学校財務の
制度・政策と実務

本多正人 編著

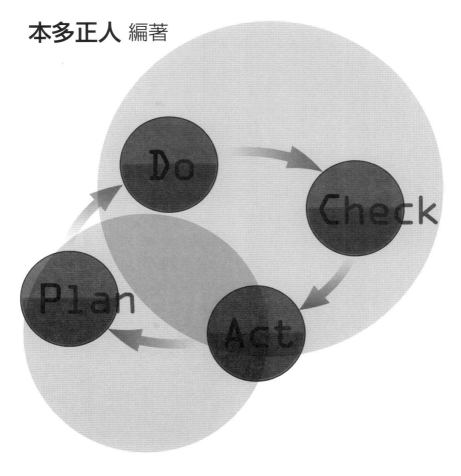

G学事出版

まえがき

　本書に収められている各論稿は、編著者を含めた13名で雑誌『学校事務』(学事出版)に2014(平成26)年4月から2015(平成27)年3月までの1年間にわたり連載した「学校財務の課題と取り組み　実践編／理論編」の原稿をもとに加筆・修正を施したものである。中にはほぼ全面的に書き換えたものもある。なお、本書全体にわたって用語が統一されていないところもあるが(例えば学校徴収金と校納金、予算委員会と財務委員会など)、それぞれの自治体での呼称をそのまま生かした結果であることをお断りしておく。

　単行本として刊行するに当たっては加筆・修正だけでなく初出のものとは掲載順も大きく変えている。その際の編集方針がいわば本書の特色を表しているともいえる。すなわち、制度・政策というマクロ的な視点と実務(ミクロ)レベルの課題とを貫くような内容とし、実務レベルから政策・制度レベルへのフィードバック・プロセスを意識しうるような構成になるように工夫したつもりである。

　具体的にはまず、初出の連載では編著者と本書第2部の各執筆者とが毎回ペアになって、公立小・中学校の学校事務職員による実践編と編者による理論編という構成をとっていた。本書の編集に際しては、初出時の「理論編」を「第1部　制度・政策編」とし、同じく「実践編」を「第2部　実務編」としてそれぞれにまとめて収録することにし、各パートが独立した読み物になるようにした。

　次に、各パートの内容は次のような方針で構成した。まず、第1部を3つの章に分け、学校財務を規定している諸制度に関するものを集めて第1章とし、学校財務事務を担う組織の在り方や運用上の工夫に焦点を当てたものを第2章とした。そして地方自治体の教育政策動向に言及したものを第3章に集約した。

第2部では、学校財務についてPDCA（Plan計画—Do実施—Check評価—Act改善）のサイクルを想定し、この流れに即して配列した章（第2部第1章〜第4章）および学校財務から地方自治体の政策的課題を展望する章（第2部第5章）により構成するようにした。

　学校財務をPDCAのサイクルに当てはめて考えるとき、計画と実施の過程は実践事例が豊富に存在する部分といえる。そうした現状を踏まえ第2部第1章では、公費・私費それぞれについての予算編成・支払計画策定段階で考慮しておくべきポイントが紹介されている。そして第2章では、公費の予算執行に関して3つの自治体での特色ある実践を扱っている。

　ところで、学校の財務事務に関してはPlanとDoに比重が置かれがちであった。自治体の予算の一部を扱っていることからくる必然的な結果ではあるが、学校の自主性・自律性確立を主張するのであればCheckとActの過程をないがしろにするわけにはいかない。そこで第2部第3章では校内組織・保護者、そして学校運営協議会への予算情報のフィードバックが行われている事例を、第4章では決算情報を次年度以降の改善に活用する事例を中心に取り上げている。

　第5章は、学校での財務実務と自治体の政策との相互作用から学校の自主性・自律性を考察する章と位置づけられている。具体的には小規模自治体の契約事務における一般ルールが学校にもストレートに貫徹している事例と、大都市自治体における政策動向に即した学校財務の実務が紹介されている。

　最後に、用語解説を付した。本中で＊印のある言葉について簡単に解説しておいた。

　以上のような章構成はあくまで編著者の主観に基づいたものであるので、本書の読者の読み取り方次第で各実践の内容から得られる示唆が違ってくることは十分考えられる。どの節から読み進めていただいても結構ではないかと考えている。また、高等学校の財務についてはほとんど言及しておらず、高等学校や幼稚園までも含めたトータルな

学校財務のあり方を検討することは今後の課題でもある。

　さて、本書は学校事務職員の研修テキストや教職大学院での参考文献としても活用されることを想定して編集している。実務編で紹介した事例と似たような状況にある自治体・学校に勤務されている学校事務職員が、新たな実践に取り組む際の先行事例としてそのアイデアを摂取してもよいであろうし、あるいは大学院や各種研究会等でケース・スタディをする場合の素材として、紹介されている問題状況から為しうる行動は他になかったか、自分（の学校）であればどうするか、もっと工夫する余地はないか、といった討議を進めるためのテキストとしても活用していただけるのではないかと考えている。

　制度・政策編にしても実務編にしても、本書で取り上げたテーマおよび実践例が学校財務事務にまつわるあらゆる課題を網羅しているとは到底思わないが、一定程度の共通項を拾い出すことはできているのではないかと自負している。しかしながら近年の学校財務事務を取り巻く技術や制度の改革は以前とは比べようもないスピードで進展している。連載終了後の新たな展開には十分配慮して補足をしたつもりではあるが、万一すでに過去のものとなっている記述や事実誤認などが残っている場合、その責任はすべて編著者にある。

編著者しるす

公立学校財務の制度・政策と実務

もくじ

まえがき ……………………………………………………………… 2

［第1部●制度・政策編］

第1章 学校財務の制度的側面／10

第1節 予算制度と学校 …………………………………………… 10
中核業務としての学校財務 …………………… 10
予算編成権 …………………… 11
予算執行権 …………………… 15

第2節 予算執行管理の諸側面 …………………………………… 18
予算の統制機能 …………………… 18
予算の配当と予算執行計画 …………………… 20
経費区分と政策的管理 …………………… 21

第3節 自治体財政運営と学校の財務 …………………………… 25
支出抑制の手法——予算編成段階 …………………… 25
支出抑制の手法——予算執行段階 …………………… 27
実行予算としての校内事業別予算 …………………… 28

第4節 学校徴収金の諸問題（1） ………………………………… 30
公立学校と現金 …………………… 30
監査対象としての学校徴収金 …………………… 33
保護者へのアカウンタビリティ …………………… 35

第2章　学校財務の組織と運用／38

第1節　校内予算委員会の将来像 ……………………………………… 38
　バックウォード・マッピング ……………………………… 38
　ボトムアップ方式の予算編成過程 ……………………… 39
　包括予算制度と学校裁量予算 …………………… 40
　学校予算編成の透明化 ……………………………… 43

第2節　共同実施組織と専門化 ……………………………………………… 44
　学校財務組織 ……………………… 44
　専門化のメリット・デメリット ……………………………… 45
　行政組織論における専門化 …………………………… 46
　権限の体系としての共同実施組織 …………………………… 47
　意思決定としての共同実施組織 …………………… 48

第3節　員数管理と財務管理 ……………………………………… 49
　員数管理 ……………………… 49
　政策形成過程における数字 ……………………… 50
　数えることの政治性 ……………………………… 53

第4節　学校教育のコスト ……………………………………………… 54
　行政サービスの効率性 ……………………… 54
　学校の維持管理コスト ……………………… 56
　新地方公会計制度 ……………………………… 58

第3章　学校財務の政策的課題／61

第1節　学校徴収金の諸問題（2）……………………………………… 61
　義務教育の無償性（日本と米国）……………………… 61
　政策課題としての学校徴収金 ……………………………… 65

第2節　政策イノベーションと公立学校への支援 ……………………… 68
　政策手法 ……………………… 68

「誘導」「説得」と学校支援地域本部 …………………… 69
　　「システム変更」と中核市のプレゼンス …………………… 70
　　政策イノベーション ………………………… 74
　第3節　学校徴収金の諸問題（3） …………………………… 76
　　財務事務の一元的管理 ……………………… 76
　　総合的な資金管理 ……………………… 77
　　公費と私費の関係 ……………………… 78
　　共同実施の活用 ……………………… 80
　第4節　学校給食費の公会計化 ………………………… 81
　　学校給食費公会計化の背景 ……………………… 81
　　学校給食費公会計化の意味内容 …………………… 83
　　政令指定都市の公会計化 …………………… 84

［第2部●実務編］

第1章　Plan・計画／90

　第1節　財務委員会を生かした予算要求
　　　　──特色ある学校づくりに向けて ……………………… 90
　第2節　学校集金（学年集金）の取り組み ……………………… 95

第2章　Do・実施／101

　第1節　執行管理──予算編成と絡めながら ……………………… 101
　第2節　学校の総合力を高めるための予算執行管理 ……………… 107
　第3節　学校や共同事務室で完結する学校予算の執行を通して
　　　　……………………………………………………………… 114

第3章　Check・評価／120
　　第1節　保護者負担軽減　学校徴収金の公開 ……………………… 120
　　第2節　学校財務と事務職員の関わり
　　　　　　――校内予算委員会・学校運営協議会を通して ………… 125

第4章　Act・改善／129
　　第1節　公費増額に向けての奮闘記 …………………………………… 129
　　第2節　新年度の予算執行へ向けて …………………………………… 135

第5章　Policy・学校財務と自治体政策／142
　　第1節　大阪市の学校事務職員の取り組み …………………………… 142
　　第2節　宇都宮発「地域はみんなの学校」を実現する学校財務
　　　　　　………………………………………………………………… 147
　　第3節　学校での契約と事務手続き ………………………………… 154

［●用語解説］161

あとがき …………………………………………………………………… 166

公立学校財務の制度・政策と実務

第 1 部

制度・政策 編

制度・政策編|第❶章
学校財務の制度的側面

●——— 第1節　予算制度と学校

中核業務としての学校財務

　本章では学校財務の特質を確認するために、公立学校財務を規定する制度や手続きに即して現状や課題を整理しておきたい。

　公立学校の管理運営に際して学校の財務事務担当者は、教育委員会ばかりか学校設置者地方自治体の首長部局との関係をも意識できる特殊な位置にいる。学校の財務事務担当者は、学校事務職員が配置されている場合は学校事務職員であることが多いであろうし、未配置の場合は教頭や校長が担当しているであろう。学校事務職員にとっての学校財務事務は中核業務（core/critical task）と考えられる。制度としての学校事務職員に関しては、事務長制や共同実施または定数など、ともすると人および組織の側面に関心が集中しがちであるが、組織の在り方はそれが担う中核業務の在り方と無関係には存在しえない[1]。

　しばしば、組織の目標を明確にし、職員がそれを共有することが重要だと主張されることがあり、正論には違いないであろうが、しかしウィルソン（James Q. Wilson）が指摘するように、政府機関の組織目標はさまざまな制約条件からあいまいにならざるを得ず、時には相互に矛盾したものを含む可能性がある。組織の共通目標といったものだけでなく、職員が日々抱えている課業（task）であって、それをしっかりこなすことで組織が変わっていけるような課業を中核業務と呼び、当該組織の中核的業務とは何か、いかにしてそれを遂行する

か、そうした共通理解を組織の構成メンバー内で了解・合意していくこともまた重要である[2]。ウィルソンは管理者（manager）が組織の仕事をどのような点で観察・評価できるかに基づき、政府機関は次の4つのタイプ、すなわち生産型組織（production organization）、手続型組織（procedural organization）、技能型組織（craft organization）、そして対処型組織（coping organization）に分類し、対処型組織である学校では管理者（教育長、場合によっては校長）がすべての教室内での出来事に事細かに指示を出していくことはできないと指摘し、前述のような中核業務に焦点を当てることを主張する[3]。そこで本書では中核業務としての学校財務事務を改めて考え直すことからはじめ、ひいては学校事務の組織への示唆を考えてみたい。

　一口に公立学校の財務事務といっても、実務レベルでの課題となると事務処理手順や政策動向が自治体によって多様であり、「学校財務には全国共通語がない」[4]といわれる状況は、実務家ばかりか研究者にとっても悩ましい問題ではある。これは学校財務だけでなく自治体の財務についても全般的に同様である。もっとも、予算書＊（予算本体と予算に関する説明書）の様式、予算科目の名称や予算執行過程における制約などの執行管理に関するルールは、地方自治法以下で規定するところにより、ある程度共通している。

　そうした状況を踏まえつつ本書では、なるべく各学校において共通の問題提起となりそうな論点をピックアップしている。例えば我々がよく使う、学校への予算配当・再配当、あるいは令達という言葉にしても、その意味するところも用語法も、自治体によって異なる。まず始めに自治体の予算制度に見られる多様性や特徴などが学校側にとってはどのように作用するかという視点から確認しておきたい。

予算編成権

　次の**表1**は国と地方自治体のそれぞれについて、予算編成権、議会への予算案提出権、予算執行権の所在、および監査機関を示したもの

表1　予算に関する権限の所在等

	国	地方自治体
予算編成権	内閣（予算編成事務は財務大臣）	首長
議会への予算案提出権	内閣	首長
予算執行権	各省庁の長	首長
監査機関	会計検査院	監査委員 外部監査人 （国庫補助事業には会計検査院）

である。

　国の予算制度では、内閣という合議体に予算編成権があるが（憲法第73条）、地方自治体の予算編成権は、独任制の執行機関である地方自治体の長（以下、首長という）にある（地方自治法第149条第2号および第211条。なお、地方自治法では「予算の調製」といい、予算を編成する一切の行為を意味するものとして使う）。例外的に地方教育行政の組織及び運営に関する法律第29条が、予算も含めて教育に関する事務について定める議会の議決を経るべき事件の議案を首長が作成する場合には、教育委員会の意見を聞かなければならないと定めている。しかし、例えば両者の間に意見の対立が起きたとしても、首長の予算調製権が特段の制約を受けるわけではない[5]。

　国の場合は、予算編成事務を所管するのは財務大臣であり（財務省設置法第4条第2項）、各省庁の長は、内閣総理大臣も含めて、その所掌に係る歳入、歳出、継続費、繰越明許費及び国庫債務負担行為の見積に関する書類を作製し、これを財務大臣に送付しなければならない（財政法第17条第2項）。ここにいう見積に関する書類がいわゆる概算要求書のことで、前年度の8月31日までが提出期限である（予算決算及び会計令第8条第3項）。財務大臣はこの見積を検討して必要な調整を行い、歳入、歳出等の予算の概算を作成し、閣議に提出しその決定を経なければならない（財政法第18条第1項）。これが財務省による査定と財務省原案の作成、そして概算の閣議決定であり、これを基に各省庁が部局等ごとに歳出金額を事項別に説明した予定経費要求書を作成し財務省に送付する。財務省がこれらをとりまとめたものが予算として閣議決定された後、国会に提出される（前年度の1月中を常例とする）。

　このように国の予算制度を定める法令が各種あるのに対し、地方自

治体の予算制度に関しては、地方自治法（同法施行令・施行規則）が定めるもの以外に詳細な規定をする法令がなく、地方自治法施行令第173条の2が定めるところにより各自治体がその予算規則や財務規則等で定めることになっているから、自治体ごとに多様性が生まれる。一般的に地方自治体では、毎年秋頃に首長が来年度予算の予算編成方針を定め、各部・課に通知したところから予算編成過程が始まる。国の場合も来年度予算編成の基本方針が毎年閣議決定されているが、これは例年12月であるからすでに来年度予算の査定作業は終わっている。国の予算編成過程の場合、地方自治体における首長の予算編成方針に該当するのは、各省庁の概算要求に先立って示される概算要求基準（閣議了解）のほうである。

　また、首長に予算調整権があるとはいえ、すべてトップダウンで進むわけではなく、実際には各部・課に予算要求をさせることや、予算編成担当課（例えば財政部・課など）がその調整・査定事務を掌ることなどが規則で定められており、この点は国と同様である。

　この場合、小規模自治体では教育委員会事務局が行う予算要求において、小・中学校からの予算要求と教育委員会事務局による査定（査定をしない場合もあるが）を教育委員会としての予算要求書の作成過程に位置づけ、学校で使用する予算のほぼすべてをこの過程で計上しておく必要がある例がしばしば見られる。大都市にはまず見られない手続きだが、学校数が少ない自治体ならば可能であろう。このとき、学校の中で教職員の要望を取りまとめる段階から形式にこだわる必要はないのかもしれないが、いずれは当該自治体の予算要求の様式で財政課の査定、さらに首長査定へと上がっていくのだから、学校での取りまとめの段階から後々のプロセスを想定しておくことは無駄ではない。そのうえで、学校の実態に詳しくない教育委員会事務局の予算担当者を説得できるだけの情報と資料を用意することができるかどうかが重要になる。一般に日本の公共部門の予算編成手法は、前年度予算をベースとし、そこから数％増の範囲に収めることを目標とする（漸

増主義（incrementalism）という。「漸増」とはいうが、現実には前年度予算をベースにして削減率を設定するのが常態化している）。各行政分野での配分割合や既存事業経費などはほぼ固定化しており、新規事業をいかに認めさせるかを各部が競い合う。学校が予算を伴う新機軸を打ち出すのであれば、さらに周到な準備が求められよう。

　これに加えて、予算要求と査定のプロセスは攻守交代のシステムといわれる特徴も学校にとっては重要である。地方自治体でも国でも、各課からの予算要求を順次査定していくようになっていて、厳しい質問をしていた最初の査定者（例えば教育委員会の学校予算担当課）が、次の段階（例えば教育委員会総務担当課あるいは首長部局財政課による査定）の査定者に対しては、予算要求者として学校の要望実現に向けて応援する立場となる。こうして査定が進むにつれて学校とはさらに疎遠な首長部局の職員を相手にすることになるから、彼らをも納得させうる戦略と論理がすでに学校の側から用意されているようならば、教育委員会も心強いに違いない。

　自治体としての予算案がまとまった後には議会による審査と議決が待っているが、この段階までくればほぼ学校の関与する余地はないかもしれない。しかし、異常気象や他の自治体での自然災害の報道を受けて、所管する学校の施設・設備の現状確認や必要な措置が議会マターとなることもありえる。地方自治体予算の特徴の一つは、何度にもわたり補正予算が組まれる点にあるが、そうした緊急措置は補正予算で実現することも多いから、学校の予算担当者としては議会の動向にも目配りしておき、教育委員会から追加配分要望の照会があった場合に即座に対応できるようにしておくことが重要となろう。

　これに関して個人的な印象の域を出ないものの、どのような備品がどれくらい、いつごろ更新時期を迎えるかという情報とともに日常的な物品管理をしている例はまだ少ないように思われ、改善が望まれる。学校での予算の編成と執行のプロセスが自治体の予算サイクルと分断していては、予算の追加・補正の機会を逸することになりかね

ず、これも課題である。

　なお、国会の場合は衆議院・参議院の両院に常任委員会として予算委員会があるのに対し、地方議会では予算案を総括的に審査するための常任委員会（例えば予算委員会など）が設置されている例は珍しく、通常は各常任委員会がそれぞれの所管に関連する部分の予算案を審査している（ただし、予算案を各委員会に分割して付託しているようにも見えるこうした状況は、本来正しくない[6]）。地方議会の委員会レベルでは案外細かい議論もしているから文教関係の常任委員会（通常は他の行政分野と一緒になって、例えば文教福祉委員会などの名称になっている）の視察などは、学校の予算事務担当者にとって格好の機会ともいえるのではなかろうか。

予算執行権

　成立した後の予算の執行権限の所在も、国と地方自治体では異なる。国の場合は各省庁の長にあるのに対し、地方自治体ではこれも首長にある（前掲の表１を参照）。国の場合は内閣の分担管理原則（内閣法第３条第１項）もあいまって、教育に関する事務は予算執行権も含めて文部科学大臣が主任の大臣として権限を行使する。これまでも内閣総理大臣の権限強化の必要性はたびたびいわれてきたが、現状はさほど変わっていない。

　これに比べて首長の権限の大きさは際立っている。地方自治体の教育事務は教育委員会という執行機関が担うのであるが、予算執行権は本来的には前述のように自治体の長に一元化されており、その権限の委任あるいは補助執行という形で教育委員会または教育長が予算執行をしている。

　例えば岡山県久米南町の場合、「久米南町教育委員会に対する事務委任規則」により、委員会に配当された予算に基づき支出負担行為および支出命令をすること（ただし、町長が別に定めるものを除く）は町長から教育委員会に委任されている。首長から委任された教育委員

会あるいは教育長の権限が学校長に対してさらに委任されるか、学校長による補助執行とされることで学校長の予算執行に関する権限があるわけだが、久米南町のように学校長には予算執行に関する権限が形式上全くないという例も珍しくない（第2部第5章第3節参照）。

　次に掲げる表2は、政令指定都市に関して市立学校長の権限（基本的には補助執行になるので専決権である）で支出できる予算の限度額を示したものである。なお、表中の部局裁量予算制度と総額裁量予算については、第2章で改めて取り上げる。名古屋市と相模原市の金額が大きいが、いずれも法令上、随意契約が認められる範囲内（地方自治法施行令第167条の2および別表第5）の金額が基準とされているということであって、運用上また実務上も1件当たりの金額がここまで多額になることはないであろう。

　ところで、自治体の長に予算執行権があることを改めて認識させられる例を挙げておく。2012（平成24）年12月に発生した大阪市立桜宮高校体罰自殺事件後の同市教育委員会の対応をめぐり、2013（平成25）年1月、橋下大阪市長は教育委員会に対し同校体育系学科の入試中止や同校の全教員約70人の異動を求め、教育委員会が入試を実施する場合にはその必要な予算を、また運動部顧問が異動しなかった場合は体育系教員の人件費予算を執行しない旨の発言をした[7]。

　また、かつて東京都の臨海副都心で1996（平成8）年3月に開催予定だった世界都市博覧会は青島東京都知事（当時）の判断で1995（平成7）年5月に中止が決定されたが、具体的には、すでに議決していた博覧会関連予算（1995（平成7）年度予算）の執行停止という措置であった[8]。他にも、警察のいわゆる捜査報償費（都道府県費のほか国費からの支出もあるが、予算上の節の区分としては一般に警察活動費（項及び目）中の報償費に計上される）や旅費の不適正支出が市民団体（市民オンブズマン）により各地で問題視（いわゆる架空支出による裏金づくりに使われているのではないかと指摘）された時期に、宮城県警における同経費の執行を巡って監査委員の監査を要求した

第❶章 学校財務の制度的側面

表2 政令指定都市の学校長専決による支出可能限度額、部局裁量予算制度の有無および学校裁量予算の有無

指定都市名	学校長専決による支出可能限度額			典拠等	部局裁量型予算制度の有無（平成26年度※）	学校配当予算の総額裁量制
	消耗品	備品	施設修繕			
札幌市	50万円	50万円	30万円	[札幌市立学校会計事務取扱規程]（昭和44年4月8日教育長訓令第1号）	「局マネジメント枠」（平成24年度予算要求～）	
仙台市	30万円	0円	10万円	[仙台市事務決裁規程]	—	
さいたま市	30万円	30万円	30万円	[さいたま市予算規則 別表第1]	「局長マネジメント予算方式」	
千葉市	30万円	30万円	30万円	[千葉市予算会計規則][千葉市決裁規程][千葉市決裁規程の運用について（依命通達）]	—	
川崎市	30万円	30万円	10万円	[川崎市事務決裁規程 別表第2号]	「枠配分経費（枠配費）」	✓
相模原市	160万円	160万円	100万円	[相模原市事務専決規程 別表第2第2号の課長]	「枠配分経費」	✓
横浜市	40万円	40万円	60万円	[横浜市契約事務に関する決裁事項及び専決事項]	「自律分権型予算編成」	✓
新潟市	20万円	20万円	0円	[新潟市事務専決規程 別表(3)]	「部・区長配分予算」	✓
静岡市	30万円	30万円	50万円	[市長の権限の一部の事務の委任及び補助執行に関する規則第10条第2項第12号]	「枠配分経費」	✓
浜松市	30万円	0円	130万円	[市長の権限に属する事務の補助執行及び教育長等専決規程]	「部局編成経費」	（申請により節間流用可能）
名古屋市	160万円	160万円	250万円	[名古屋市契約規則別表（第19条関係）]	「財源配分型予算編成」	
京都市	40万円	40万円	50万円	[京都市教育長等専決規程]（昭和38年5月16日訓令甲第7号）	「戦略的予算編成システム」	✓
大阪市	20万円	20万円	20万円	教育関係事務に関する学校長専決規程（平成2年4月1日（教育長）達第4号）（※支出決定は各100万円）	「財源配分及び裁量経費」	✓
堺市	30万円	30万円	50万円	[堺市事務決裁規程]	—	
神戸市	30万円	30万円	200万円	[教育委員会事務局等専決規程 別表第2]（※物品調達の決定は各100万円）	—	
岡山市	30万円	30万円	30万円	[岡山市立学校管理規則 第13条]	—	✓
広島市	30万円	20万円	30万円	[広島市職務権限規程 別表の1共通の職務権限の(6)(10)(12)等]	—	✓
北九州市	20万円	20万円	20万円	[北九州市副市長以下専決規程 別表第1～第3]	「局マネジメント予算（財源配分型予算編成）」	✓
福岡市	30万円	30万円	30万円	[福岡市教育委員会教育次長以下専決規程 別表第4主管事項]	「局区長マネジメント経費」	✓
熊本市	10万円	10万円	20万円	[熊本市事務決裁に関する訓令第15条]	—	

（指定都市によって「～未満」とする場合と「～以下」とする場合がある）
出典：各市例規集および監査報告書等を参考に筆者作成。
※部局裁量予算制度の有無は各市の「平成26年度予算編成方針」により確認。

り、2005（平成17）年度予算編成において県警の犯罪捜査費の要求額を減額査定したりして県警と対立していた浅野知事（当時）が2005（平成17）年6月に2005年度予算のうち同県警の捜査報償費予算の未執行分を執行停止にした例がある（なお、同年10月の知事選挙で当選した後任の村井知事によって執行停止は解除された）。これら各首長の思惑はともかく、首長の予算執行権とはこういうものであって、学校の自主性・自律性の在り方もそうした権限体系の中での議論なのだという自覚が、事務職員に限らず必要なのではあるまいか。

第2節　予算執行管理の諸側面

予算の統制機能

　国や地方自治体の予算は1年間の支出の単なる見積ではなく、予算に盛り込まれた事項が確実に実施されるよう、行政への拘束力をもった文書の性格をもつとされる[9]。営利企業にも予算制度はあって、そこでいう予算には経営上の調整機能、計画機能、統制機能といった役割があり、現代の企業組織ではとりわけ調整機能が重要であることが知られている[10]。公的部門の予算では統制機能が強調されているといえよう。国・地方自治体の予算の編成・執行・決算の各過程を規定した予算制度は、総計予算主義の原則や予算事前議決の原則など、一般に予算原則といわれる基本原則に依拠している。中でも予算執行過程に関わる原則は、予算の統制機能に対応しているといえる。すなわち、会計年度独立の原則、超過支出禁止の原則、流用禁止の原則であり、これらは一括して拘束性の原則ともいわれることからもわかる[11]。もっとも、原則はあくまで原則であって、しかも行政組織の近代化過程において要請されてきた原則であるから、現代行政組織の実情に合わせていろいろと例外が設けられていることはいうまでもない。

　ところで、学校財務事務の担当者にとって、流用禁止の原則は予算執行過程上も悩ましい原則だろう。各款の間または各項の間における

相互の流用は法令で禁止されているものの（地方自治法第220条第2項）、目・節間での流用は議会の承認がなくても行政の裁量により可能なはずで、後述するような学校の裁量を拡大した予算配分方式には、節間流用の活用に依存しているパターンがある。しかし現実には節の間の流用さえ基本的に禁止している自治体も少なくない。例えば第2部第2章第1節で紹介されている前橋市では本庁組織がする予算執行では節間流用が可能であるが、小・中学校に配当した予算での節間流用には基本的に制限を設けている。学校のように第一線職員（front-line puplic servant）中心の、対人サービスを提供するような公的組織においては予期しがたい財政需要も多いであろうから[12]、補正予算や首長決裁を要する流用の許可といった時間のかかる手続きがなくても流用できるようなしくみを整備していくことは、むしろ予算執行上の効率性を高めるものと考えてもいいのではなかろうか。

　さて、公的組織における予算のこのような性格からして、学校の予算執行管理は、不用額を出すことなく予算科目の使途どおり適正な手続きにより執行していけば十分なのだろうか。自治体財務の実務解説書では、予算の執行管理が会計的管理、予算的管理、政策的管理の3つの側面で説明されている[13]。会計的管理は調達事務や出納関係事務の手続き的な側面を重視するものであるから、学校で裁量を発揮する余地はあまりない。とはいえ、学校の場合は調達・契約事務と財務・経理事務とが学校事務室で一体的に処理されていることでもあるし、また実務編で指摘されているように、特殊な物品を学校設置者自治体の登録業者以外の業者から調達せざるを得ないこともある。さらにいえばいわゆる学校徴収金（預り金）を学校財務事務の一環として扱う場合を考えても、会計的管理の側面は今後も重要である。

　予算的管理の側面を、これも第2部第2章第1節で言及されている予算差引簿による執行管理に見ることができる。一般的に歳出予算差引簿は財務規則等の定めるところにより、後述の予算配当を受ける各部・課で作成される。学校においても予算差引簿を整理保管するよう

にしている自治体も珍しくないが、その際の法規上の根拠や様式は自治体によって多様である。近年では公立学校の財務事務の電子化が進み、予算差引簿自体の管理手法も一様ではなくなってきたが、その主たる目的が支出負担行為ごとに各歳出予算科目の予算残額を確認する点にあることは変わりなく、予算拘束性の原則はこうして現場組織レベルで担保されている。

予算の配当と予算執行計画

　自治体財務における予算配当と予算執行計画の制度も、予算的管理の側面を象徴する手続きとなっている。地方自治体では予算成立後にその長またはその委任を受けた財政担当部・課の長が、実際に予算執行事務をする各部・課の長に対して予算の配当を行う（地方自治法施行令第150条第１項第２号）。国の予算でも予算の配賦（財政法第31条により、予算が成立した時に内閣は各省各庁の長に対してその執行の責に任ずべき歳出予算を配賦する）の手続きがある。

　国の場合は予算の配賦後に各省各庁の長が、支出担当事務職員ごとに支出の所要額を定め、支払計画書を作製して財務大臣に送付しその承認を経ることになっていて（財政法第34条第１項）、この支払計画では四半期ごとに所要額が区分される（予算決算及び会計令第18条の９第２項）。自治体の場合は、地方自治法施行令第150条第１項により予算の計画的かつ効率的な執行を確保するため必要な計画を定めることとされ、自治体の財務規則等ではこれを予算執行計画と称し、形式的にいえばまず予算配当先となる各部・課から四半期ごとの予算執行計画を提出させ、その予算執行計画に従って四半期ごとに予算配当をする。したがって、国の場合とは順序が逆といえる。また、ほぼどの自治体でも財務規則等には各部・課は予算の配当がなければ執行できないこと、財源の全部または一部に国庫支出金などの特定の収入が含まれている場合にはその収入額が確定するまで執行できないこと、必要に応じて予算執行計画より減額して予算配当したり留保したりする

第❶章　学校財務の制度的側面

こともできることなどの制約的な規定が共通にみられる。

　この予算配当制度でも例外的な取り扱いは当然にあるものの、予算の配当とは執行限度額の示達を意味し、それを超えた執行の抑制を企図したものである。教育委員会の学校予算担当課が所管の各学校に対しても厳密な予算的管理を求めようとすれば、学校からも四半期ごとの予算執行計画を徴取したうえで自らの予算執行計画を作成するところであろうが、実際には各学校にそこまで求める例はあまり聞かない。これなどは、教育行政実務の実態に即した予算制度の運用といえるのかもしれない。いずれにしても、教育委員会事務局にしてみれば、小・中学校配当予算所管課の権限でいかようにもできる学校配当予算なのであれば、学校単位での予算執行管理に時間と労力をかけることの必要性をなかなか理解しにくいとしても仕方ないかもしれない。しかし学校としての管理運営上の意思決定をする上では、予算の執行管理は有用であると思われる。

　ここでは、第２部第２章第１節で示された予算執行管理の考え方について、会計的管理または予算的管理とは違った観点から有用性を確認しておきたい。つまり、経費分類や分析の観点と予算編成へのフィードバックを意識した政策的管理の観点である。

経費区分と政策的管理

　現行地方自治法が規定する財務規律の骨格は、1963（昭和38）年の同法改正で整備された。それに先立って1961（昭和36）年に設置された地方財務会計制度調査会が、明治時代以来の官庁会計方式*（いわゆる単式簿記・現金主義）に限界のあることをすでに指摘してはいたのだが（「地方公共団体の財務会計制度についての改正の要綱に関する答申」1962（昭和37）年３月）、この時の法改正では民間企業と同じ複式簿記による発生主義会計にはならなかった。出納整理期間が設けられているのでその期間は発生主義になっているとはいえ、今でも現金主義が基本である。地方自治体の予算科目は企業会計でいう勘定

21

科目とは異なるため、例えば公立学校の施設や土地に関わる減価償却費や職員の退職給付引当金を計上しておくといった発想はない。

とはいえ近年では、貸借対照表を作成・公表する自治体が増え、また地方財政再建促進特別措置法（同法によって夕張市は財政再建団体に指定された）に代わる「地方公共団体の財政の健全化に関する法律」（平成19年6月22日法律第94号）の枠組みでは、現時点での現金の出入りを伴わない将来的な債務も認識する発生主義会計の要素が取り入れられている。なお、歳出予算科目の節の区分が現行の28種になったのも前述した1963（昭和38）年の地方自治法改正からで、その直近の同法改正（1956（昭和31）年）の時点で43節あったものが整理統合された（表3を参照）。かつての節の名残は現在、例えば需用費を細節に分けて管理する場合の食糧費や印刷製本費などにみられる。

ところで前橋市の実践例では学校の予算を経常的経費や政策的経費に区分することができるという。こうした区分はいわゆる包括予算制度の説明でもよく使われる。企業会計であれば変動費や固定費といった概念を使うところだろうが、それは損益分岐点の分析に必要な管理会計上使われるもので、売上高や利益という概念のない公的部門に直接応用するのは難しいかもしれない。これにやや近いのは自治体の決算統計上で性質別に分類された節の区分をベースとした義務的経費（人件費、扶助費等）、投資的経費、その他経費（物件費、維持費等）といった経費区分や、それをさらに組み替えた経常的経費と臨時的経費の区分などである。

これらは自治体財政分析で義務的経費比率や経常収支比率を求めるのに用いられており全自治体間で比較可能である。かつて筆者らも表4に示すような経費区分を考えたことがある[14]。学校予算の場合、節の区分だけではほとんどが需用費になってしまうから、活動別の共通の枠組みを設定することで他校との比較が可能になり、私費負担経費にも適用できるようにしたことがポイントである。

次に政策的管理の意義は「金銭の支出額とその時期よりも、予算化

表3　地方自治法施行規則に定める「節」の区分の変遷（昭和31年→昭和38年（現行））

昭和31年改正後の節の種類	統合先節番号	現行（昭和38年改正～）の節の種類
1 報酬	→1	1 報酬
2 吏員給	→2	2 給料
3 給料	→2	3 職員手当等
4 旅費	→9	4 共済費
5 職員手当	→3	5 災害補償費
6 災害補償費	→5	6 恩給及び退職年金
7 恩給退職年金及び退職一時金	→6	7 賃金
8 報償費	→8	8 報償費
9 賃金	→7	9 旅費
10 交際費	→10	10 交際費
11 消耗品費	→11	11 需用費
12 燃料費	→11	12 役務費
13 食糧費	→11	13 委託料
14 印刷製本費	→11	14 使用料及び賃借料
15 光熱水費	→11	15 工事請負費
16 通信運搬費	→12	16 原材料費
17 保管料	→12	17 公有財産購入費
18 広告料	→12	18 備品購入費
19 手数料	→12	19 負担金、補助及び交付金
20 借料及び損料	→11、14	20 扶助費
21 筆耕翻訳料	→12	21 貸付金
22 委託料	→13	22 補償、補填及び賠償金
23 修繕料	→11	23 償還金、利子及び割引料
24 工事請負費	→15	24 投資及び出資金
25 備品費	→18	25 積立金
26 原材料費	→16	26 寄附金
27 買上金	→8	27 公課費
28 施設費	→17	28 繰出金
29 賠償及び違約金	→22、23	
30 利子及び割引料	→23	
31 補償金及び補填金	→22	
32 負担金、補助金及び交付金	→4、19	
33 保険料	→4、12	
34 他会計へ操出	→28	
35 貸付金	→21	
36 投資及び出資金	→24	
37 積立金	→25	
38 繰替金	→廃止	
39 扶助金	→20	
40 寄附金	→26	
41 公課費	→27	
42 繰上充用金	→22	
43 予備費	→廃止	

出典：月刊「地方財務」編集局編『七訂　地方公共団体歳入歳出科目解説』ぎょうせい、2011年、123頁の表を参考に筆者作成。

表4　経費区分の例

大分類【コード番号】	中分類【コード番号】	小分類名称
教授活動【1000】 教員が児童生徒に対して直接的に指導する教育活動	教授活動―教科【1100】 学習指導要領上、教科として区分されている活動	1101 国語
		1102 社会
		1103 算数・数学
		1104 理科
		1105 生活
		1106 音楽
		1107 図工・美術
		1108 技術・家庭科
		1109 保健・体育
		1110 英語（外国語）
		1190 その他（特に必要な教科）
	教授活動―教科以外【1200】 学習指導要領上、各教科以外の教育活動として区分されている活動　※ただし学校給食は【3000】へ。	1210 道徳
		1220 外国語活動
		1230 総合的な学習
		1240 特別活動
		1250 清掃
サポート活動【2000】 教授活動以外の教育活動、教育活動のための条件整備、及び一般管理事務等	サポート活動―児童・生徒【2100】 教授活動以外で児童生徒が利用するもの	2110 児童・生徒指導
		2120 進路指導
		2130 特別支援
		2140 情報教育
		2150 部活動
		2160 保健・衛生
		2190 その他のサポート活動―児童生徒
	サポート活動―授業関連【2200】 教授活動のための準備に係るもの、教授活動で補助的に使用するもの等	2210 教科書・指導書
		2220 児童・生徒用図書
		2230 視聴覚（映像・音響）
		2240 コンピュータ関連機器（指導用）
		2250 教務
		2290 その他のサポート活動―授業関連
	サポート活動――一般管理【2300】	2310 印刷用紙
		2320 印刷用途以外の用紙類
		2330 コピー機メンテナンス
		2340 印刷機
		2350 事務用品
		2390 その他のサポート活動――一般管理
教育外サービス【3000】 学校において行なわれる学校教育以外の活動	給食【3100】	3110 給食活動
		3120 給食調理関係
	社会教育【3200】	3200 社会教育
	その他の教育外サービス【3900】	3900 その他の教育外サービス

された事業そのものの実施時期や内容、効果に主眼を置いた管理」[15]にある。具体的には何らかの事業（政策）に関して蓄積された予算執行の情報・データを活用し、今後の事業・活動の展開に必要な物品の数量を予測したりコスト比較をしたり、購入すべき時期を提案したりすることが可能になるものと思われる。そうした分析は当該事業・活動そのものの進捗状況管理や次年度計画へのフィードバックにも役立つものと考えられ、学校財務事務のフロンティア的な領域といえるの

ではなかろうか。

第3節　自治体財政運営と学校の財務

支出抑制の手法──予算編成段階

　次に自治体の財政運営が学校という末端レベルでの財務実務にどのような影響を与えているのか検討してみたい。第2部第2章第2節で取り上げる下関市は、2005（平成17）年2月の合併で新たな下関市となったもので、これまでは改正前の合併特例法の恩恵（地方交付税交付金の算定の際に1市としてではなく旧市町分を別個に算定して合算する合併算定替がある）を受けられたが、2015（平成27）年度からはこの特例が5年間で段階的に廃止されていく。そうした中で同市の各種財政指標が極端に悪いというわけではないものの、財政力指数0.530（2012（平成24）年度決算）は中核市の中で4番目に低いから、行財政改革への積極姿勢は今後も続くであろう。なお、同市の住民基本台帳人口（2013（平成25）年3月31日現在）は42中核市（2013（平成25）年4月時点）の中で2番目に少なく、中核市となる際の人口要件である30万人をすでに割り込んでいる。また65歳以上人口比率は30.0％と中核市の中で最も高く、財政リソースの行政分野間獲得競争という点では学校教育部門が不利といえるかもしれない。

　さて、政府機関の財政支出を抑制するためにとられる手法について確認しておく。まずは予算編成の過程で歳出予算額自体を抑え込めばよい。国の各省庁が概算要求書を作成するに当たってあらかじめ上限（シーリング、概算要求基準）が設けられる手法は地方自治体の予算編成過程でもよくみられるところであり、ゼロ・シーリングや時にはマイナス・シーリングとさえいわれることもある。国の予算編成におけるシーリングが初めて設定されたのは1961（昭和36）年度予算編成であった。その際、大蔵大臣が「各省の概算要求については水増し要求をやめて、できるだけ必要なものだけに限って要求し、多くとも本

年度の大蔵省査定額の５割増し程度の概算要求にとどめるよう」要望したことが知られている[16]。その背景には、当時の経済審議会が1960（昭和35）年11月１日に「国民所得倍増計画」を答申したことと、1961（昭和36）年度予算編成とが連動して行われたという事情があった。その後はシーリングといえば、対前年度一般歳出総額と同額（ただし年金・医療等の自然増になる部分を加算する）といった具合に用いられるのが通例になっていることは改めていうまでもない。

　下関市は2007（平成19）年度予算編成時に「財源枠配分方式」（次章第１節参照）を導入し、2008（平成20）年度予算編成からはそれを拡大した「部局裁量枠方式」を導入している。枠配分方式の予算編成をする場合はどこでも同じだが、シーリング方式による総額抑制も併せて行われる。すなわち、一般財源（国庫補助負担金以外の、地方税や地方交付税交付金のような財源のこと）をもって充てる各部局配分予算枠をあらかじめ設け、その範囲内であれば各部局の予算要求に対して一件査定はしないが、予算要求には限度額が設定される（下関市の2014（平成26）年度予算の場合は「前年度予算以内」とされた）。

　枠配分予算方式によれば各部局が自主的に事業の優先順位付けをできるので限られた財源を有効に活用できるメリットがある一方、各部局が事業の統廃合等を積極的に行わないとすれば、予算枠が保障されているのに財政課の査定も受けないことから、むしろ予算配分が硬直化しかねないという欠点もある。下関市の2013（平成25）年度予算編成は、市長選挙を控えた骨格予算ということもあり、「予算の硬直化、社会情勢及び市民ニーズの変化に対応するため」「部局間の縦割りを廃した、効果を最も発揮する予算の再配分を行うため」（下関市「平成25年度予算編成要領」平成24年10月５日）、一件査定方式に戻った。2014（平成26）年度予算は再び部局裁量枠方式で編成されたが、2015（平成27）年以降はこうした枠配分方式を見直すこともありそうである（下関市「下関市財政健全化プロジェクト（Ⅰ期計画）」平成24年９月）。

ところで、地方自治体の予算書を見ればわかるように、一般会計予算の歳入総額と歳出総額は一致している。この均衡予算が可能なのは、次に述べるように歳入予算と歳出予算との性格の違いによるところが大きい。元来、歳出予算は各部・課（場合によっては各学校）において厳密かつ正確に見積もられた経費を財政課がさらに査定し、それらを積み上げたものであって、これを議会が議決することによって行政に執行権限が付与されたことになる。前述の枠配分方式のような予算編成手法もあるが、超過支出禁止の原則に従うことに変わりはない。それに対して歳入予算のほうはあくまで見積に過ぎず、歳入超過はあってもいいし、逆に予算額のとおりに住民税を歳入できないこともありうる。そこで、予算編成の過程では収入は控えめに、支出は多めに見積もられるのが普通であり、慎重主義といわれる[17]。予算編成過程での厳密かつ正確な支出見積とは論理的に矛盾するようにみえるかもしれないが現実にはこうした運用が一般的で、慎重主義に従えば一定程度の支出額の削減はあらかじめ織り込み済みともいえる。

支出抑制の手法――予算執行段階
　予算が議決された後では、成立した予算（当初予算）の一部を執行させないという手法がありうる。節約あるいは執行留保と呼ばれ、国の予算では、例えば1975（昭和50）年度予算の成立後に大幅な歳入不足に加えて歳出額での追加需要が見込まれたことから、補正予算の財源を確保するために一般旅費の20％、物件費等の15％を留保するよう閣議了解がなされたことがある[18]。ちなみに、1975（昭和50）年度は1991（平成3）〜1993（平成5）年度の期間を除いて現在まで続く赤字国債の発行（そのために毎年特例公債法を成立させている）の端緒となった予算として知られているように、厳しい予算編成となった年であった。また1999（平成11）年度から2006（平成18）年度までの毎年、次年度予算の概算要求基準が示された後に大蔵省（その後、財務省）が現年度予算の一般旅費20％、物件費15％（ただし、試験研究機

関等特別なものは7.5％）を留保するよう各省庁に依頼していた。

　国では2007（平成19）年度以降こうした節約・留保の手法はみられなくなったが、地方自治体では今でも散見され、第２部第２章第２節で事例に取り上げた下関市もその例といえそうである。下関市財務規則は「財政部長は、財政状況を勘案し特に必要があると認めるときは、歳出予算の一部を配当しないことができる」（下関市財務規則第13条第３項）と定める（ただし、この種の規定自体はどの自治体にもある）から、予算の留保は首長や財政部が恣意的に実施しているわけではなく、規則に基づいてとられる措置といえる。通常、こうした節約・留保の対象となるのは旅費や物件費といった行政経費であるから、学校にはダイレクトに響いてくることであろう。留保した財源は最終的に減額補正して補正予算の財源に回す場合もあるし、実質収支（歳入決算額から歳出決算額と翌年度に繰り越すべき財源を引いたもの）の黒字（純剰余金）として処理する場合には、一般的には基金（例えば財政調整基金や減債基金等）に積み立てられていく（地方自治法第233条の２）。

　節約・留保の手法としてはこのほかにも、例えば民間企業で用いられるような「実行予算」を作成する場合もある（例えば茨城県財務規則第18条第３項など参照）。つまり、財源不足が見込まれる際などに議会が可決した歳出予算額から一定の基準で減額した予算計画を別途作成し、それに従って予算執行することで支出の抑制が可能になるものである[19]。

実行予算としての校内事業別予算

　歳出予算の一定割合を全庁的に執行しないとすれば、予算の執行率はどうなるであろうか。地方自治法第243条の３第１項は、地方自治体の長に条例の定めるところにより毎年２回以上歳入歳出予算の執行状況を住民に公表することを義務づけている（いわゆる財政状況公表条例という）。下関市が定期に公表する予算執行率（補正等を経た

第❶章 学校財務の制度的側面

表5　下関市一般会計予算の年度末（平成20年度～平成25年度）における予算執行率（％）

区分	平成20年度	平成21年度	平成22年度	平成23年度	平成24年度	平成25年度
議会費	97.6	96.3	95.0	97.8	97.1	97.0
総務費	46.2	77.2	67.2	67.9	70.7	65.4
民生費	77.5	79.2	81.2	80.1	78.3	76.8
衛生費	78.0	75.9	82.7	85.2	84.1	86.5
労働費	89.1	70.9	86.3	83.4	90.5	73.6
農林水産業費	76.1	67.1	70.8	68.6	72.9	64.5
商工費	78.9	72.6	64.0	70.4	63.0	77.0
土木費	68.5	65.0	58.8	62.4	58.3	57.2
消防費	91.9	91.9	93.2	85.9	79.3	87.9
教育費	57.1	81.5	80.3	76.8	71.9	69.2
災害復旧費	48.5	39.9	51.1	64.8	55.9	44.0
その他	98.9	98.9	99.2	93.8	92.4	99.8
歳出合計	72.7	78.5	76.8	77.7	75.0	74.8

出典：『下関市の財政』各年版より筆者作成。各年度とも3月31日時点の数値

予算現額に対する支出済額の割合）で3月31日現在のものを見ると、表5に示すように、確かに教育費の執行率は相対的に低い方ではあるのだが、教育費には学校や社会教育施設の建設費に係る翌年度繰越（法令で認められているのは明許繰越と事故繰越である）分もあるから一概に支出抑制のせいともいえない。

また、次の表6は同市の毎年の決算書から小学校費および中学校費の学校管理費および教育振興費の最終的な執行率（出納整理期間中の支出済額を含むので3月末より高くなる）を示したもので、それぞれに需用費と役務費の執行率も取り出してみた。このように決算を調整する段階ではほぼ90％以上にはなる。備品購入費の執行率にややばらつきがあるが、これも翌年度繰越などの要因を考慮する必要がある。

これらの費目についてはいずれの年も当初予算からの減額補正はされていなかったので、この執行留保に関して指摘しうる問題はむしろ、留保解除の時期ではなかろうか。つまり、留保解除があったとしてもその時期が遅ければいわゆる「駆け込み執行」のような状況が構造的に作り出されてしまうことになろうし、学校のような末端レベルの組織にとってみれば、留保解除の有無それ自体の見通しが立たない状況だけでも不安定な予算管理を強いられるであろうことは、第2部

第2章第2節の事例から容易に想像できる。

そこで紹介されている試みは、予算の執行状況を常に把握しておき、教職員全員が容易に理解できるよう物品等の具体的な数量で執行残額を提示することと、校内事業別予算を作成して、活動単位で必要になる経費を予測することができるようにしたことであった。校内事業別予算は、執行留保分を含んでいる市教委提示の配当予算に対して、各活動・事業単位での実際にかかるコストを正確に見積もったものであるから、前述の実行予算としての位置づけともいえよう。

表6　下関市の一般会計決算におけ

| (項)小学校費　(目)学校管理費 |
| うち需用費 |
| うち役務費 |
| うち備品購入費 |
| (項)小学校費　(目)教育振興費 |
| うち需用費 |
| うち役務費 |
| うち備品購入費 |
| (項)中学校費　(目)学校管理費 |
| うち需用費 |
| うち役務費 |
| うち備品購入費 |
| (項)中学校費　(目)教育振興費 |
| うち需用費 |
| うち役務費 |
| うち備品購入費 |

第4節　学校徴収金の諸問題（1）

公立学校と現金

前節までは公費に関わる制度を見てきた。本節では私費に関しての制度的な問題を取り上げる。なお私費に関しては政策的な課題として、第3章でも扱う。各公立小中学校におけるいわゆる学校徴収金には、学校内での現金の管理・経理事務に関連する問題と、その金額や使途など保護者負担の在り方に関する問題とがある。まず、前者の側面について地方自治体の職員が扱うことのできる現金に関する制約について確認しておく。

地方自治法の定めるところによれば地方自治体が保管することのできる現金は、歳計現金（地方自治法第235条の4第1項）、歳入歳出外現金（同条第3項）、一時借入金（第235条の3）、基金に属する現金（第241条）がある。歳計現金は、自治体の歳入（自治体の所有に属

第❶章 学校財務の制度的側面

る小中学校管理費及び教育振興費の予算執行率

平成21年度決算		平成22年度決算		平成23年度決算		平成24年度決算	
執行率	不用額	執行率	不用額	執行率	不用額	執行率	不用額
96.9%	¥24,473,232	99.5%	¥6,935,663	99.0%	¥12,596,708	97.8%	¥29,177,497
94.6%	¥12,762,977	99.7%	¥823,555	98.8%	¥3,118,803	98.6%	¥3,625,837
93.0%	¥1,629,638	99.4%	¥117,844	97.2%	¥604,758	95.3%	¥1,041,515
96.0%	¥297,435	99.3%	¥48,720	96.5%	¥259,553	98.7%	¥85,382
86.3%	¥74,674,298	95.1%	¥17,831,081	96.5%	¥15,069,710	88.8%	¥14,020,809
93.1%	¥4,315,808	92.3%	¥4,585,696	98.7%	¥1,800,982	98.1%	¥1,120,549
99.9%	¥17,844	99.0%	¥168,520	97.1%	¥482,260	87.5%	¥2,006,840
74.4%	¥55,228,328	92.6%	¥4,335,689	97.1%	¥1,520,722	63.8%	¥619,209
96.3%	¥21,598,699	95.2%	¥26,231,075	97.3%	¥14,587,248	97.6%	¥11,911,055
89.2%	¥13,551,882	90.5%	¥12,346,653	96.6%	¥4,423,233	98.5%	¥1,882,332
95.5%	¥642,914	99.0%	¥135,075	95.5%	¥700,816	93.6%	¥899,438
71.1%	¥924,483	87.5%	¥363,704	98.3%	¥98,897	90.8%	¥297,768
93.0%	¥23,068,130	94.8%	¥14,331,218	92.3%	¥22,402,088	89.2%	¥24,055,912
87.1%	¥7,163,953	89.7%	¥5,511,107	94.7%	¥3,101,293	83.7%	¥13,805,003
99.1%	¥64,800	99.2%	¥60,680	97.8%	¥160,980	91.0%	¥622,152
93.6%	¥4,450,777	93.0%	¥2,828,753	92.7%	¥3,187,735	71.9%	¥2,619,669

出典：各年度版『下関市決算書』より筆者作成

する現金）から実際に支払（歳出）がされるまでの間に生じる現金のことで支払準備金の性格をもつ。本章第２節で述べたように財政担当部課からの予算配当を受ける各部課はあらかじめ予算執行計画を提出しているが、月ごとにも支払計画書を作成・提出し、会計管理者がこれらの収支予定を勘案しながら必要な額の支払準備金としての歳計現金を保管することになる。

　改めていうまでもないが、学校配当予算といっても、その分の現金が特別に留保されているわけではないから、自治体の指定金融機関の口座から会計管理者が債権者に支払をするまでは歳計現金の一部となっているだろう。自治体の歳入となるべき現金の収納権限が与えられた組織・機関であれば、その際の釣り銭用に、現金の一部を保管することが認められる場合があり、本来ならば会計管理者が保管すべき歳計現金の一部が形を変えたものと考えられる。

　また予算執行上特例的な支出方法である資金前渡によって学校の資金前渡職員が現金を保管することがある。本章第１節で言及した警察の捜査報償費も、情報提供者・協力者への謝礼金や捜査活動で使用する少額多頻度にわたる軽微な経費に要する経費であり、「性質上、特

に緊急を要し、正規の手続を経ていては事務に支障を来したり、秘密を要するため、通常の支出手続を経ることができないことから、特に現金での取扱いが許されているもの」（京都府監査委員平成17年随時監査報告「警察捜査報償費及び捜査旅費に係る監査結果」（平成17年1月21日））として、資金前渡により支出される。この前渡金に精算残金が発生した場合は自治体の財務規則の定めるところにより直ちに戻入をする（監査でこの手続きの遅延を指摘される学校も多い）が、これは再び歳計現金として管理されることになろう。

　次に歳入歳出外現金は、自治体の所有に属さない現金であるが法律または政令の規定により自治体が保管している現金で、入札保証金（地方自治法施行令第167条の7）や職員の源泉徴収所得税（所得税法第183条）のほか、学校教育に多少関連するところでは、共済組合掛金（地方公務員等共済組合法第114条）や日本スポーツ振興センター災害共済給付金として申請者に支払われる現金（独立行政法人日本スポーツ振興センター法施行令第4条第5項）などがある。この歳入歳出外現金と前述の歳計現金とを合わせて公金と定義するのが一般的である。

　ところで地方自治法は「債権の担保として徴収するもののほか、普通地方公共団体の所有に属しない現金又は有価証券は、法律又は政令の規定によるものでなければ、これを保管することができない」（第235条の4第2項）と定めているのだが、実態としては、公立学校内ばかりか教育委員会や首長部局でも、例えば補助金交付団体からその経理を関係部課の職員が委任されるなどして、すなわち法律または政令の規定によらない現金を自治体の職員が業務上の必要から保管する例が少なくない。

　そこでこれらの現金を「準公金」または「公金外現金」等と称してその事務処理規定を独自に定めているのは学校も首長部局も同様である。例えば横浜市の本庁組織を律するものとして「公金外現金事務処理要領」があるし、同市立学校を律するものとして「横浜市立学校準

公金取扱要領」がある。しかし、学級費や学年費、教材費などは学校が主体的にその使途を決定し、集金もする。この点が首長部局の準公金等とは異なるといえよう。各自治体の学校徴収金・私費会計取扱要領の類を見ると、「学校徴収金等」とした上で、「学校指定物品」を含める例があり（国東市、大田区や和気町など）、学校の主体的な判断で保護者負担が決定されているという経緯をよく示している。

　その点、京都市や新潟市、第２部第１章第１節の三条市のように「預り金」と称する例が増えてきたことは、学校が自由に使うための金銭ではないことを明示する意味でも、学校徴収金の性格を表したものとしてもこれ以上に適切な表現はないと個人的には考える。しかし企業会計でいう「預り金」は前述した源泉徴収所得税などの仕訳先となっているのに対して、学校側がその教育課程を実施するのに必要な資金を賄う固有財源であるかのように、その使途および金額の決定・集金・支払までを含めてすべて主体的かつ裁量的に行っているものであり、これが保護者負担の在り方を規定していることに変わりはない。

　なお、学校法人会計でも授業料以外の教材費や修学旅行費等は「預り金」として経理されることになっている。最近問題となった例では、関西の私立学校において毎年度初めに教材費の概算額を多めに見積もって保護者から徴収しておき販売業者に払った実費との差額を保護者に返還せず隠し口座で管理し、幹部職員らの交際費などに流用していたことが発覚した事例がある[20]。

監査対象としての学校徴収金

　歳計現金も歳入歳出外現金も、自治体の財務規則に従って、すなわち予算執行と同じ手続きで支出事務が行われる。

　これに対していわゆる学校徴収金には自動的にはこうしたルールは適用されず、前述のように準公金取扱要領等を定めて財務規則に準じた取り扱いを求めているのが現状である。

表7　政令指定都市の監査で小・中学校が対象とされた事例

監査実施年度	定期（財務）監査				行政監査		包括外部監査
平成20年度	札幌市 浜松市 広島市	相模原市 神戸市 北九州市	静岡市 岡山市 福岡市		（静岡市） （広島市）	（浜松市）	さいたま市
平成21年度	札幌市 静岡市 岡山市	仙台市 名古屋市 広島市	相模原市 京都市 福岡市		（静岡市） （広島市）	（名古屋市）	仙台市 相模原市
平成22年度	札幌市 浜松市 神戸市 北九州市	相模原市 静岡市 岡山市 福岡市	川崎市 堺市 広島市		相模原市 （静岡市） （堺市）	千葉市 （浜松市） （広島市）	
平成23年度	札幌市 浜松市 広島市	相模原市 神戸市 福岡市	静岡市 岡山市		（静岡市） 大阪市	（浜松市） （広島市）	相模原市 大阪市 神戸市
平成24年度	相模原市 京都市 広島市	静岡市 神戸市 福岡市	浜松市 岡山市		さいたま市 （浜松市）	（静岡市） （広島市）	浜松市
平成25年度	札幌市 神戸市	静岡市 堺市	京都市 福岡市		（静岡市）	（堺市）	

出典：筆者作成

　ところで、自治体に置かれる監査委員あるいは外部監査人による監査では、本来的に自治体の財務規則が適用されないこうした公金外現金の管理も監査対象となることがある。

　表7は、各政令指定都市監査事務局のホームページ等から全指定都市で共通に収集できる2008（平成20）～2013（平成25）年度の監査報告書のうち、定期監査（地方自治法第199条第4項）のうちのいわゆる財務監査、行政監査（同条第2項）および包括外部監査（同法第252条の27第2項）において小・中学校が対象となったものについて、各年度別に集約したものである。

　高等学校が対象となったものと、いわゆる工事監査、監査請求による監査、個別外部監査はカウントしていない。自治体名の部分が網掛けになっているのは、学校徴収金が対象となったものであることを示す。また、財務監査と行政監査を区別しないで実施・報告している例もあり、その場合は行政監査の列の自治体名に括弧をつけた。一般に財務監査であれば基本的に公金が対象となるのが普通で、学校徴収金については自治体行政の事務管理の問題（公務員の職務遂行の在り方）を問う行政監査を実施する中で対象とする場合も少なくない。

ところで、政令指定都市はその処理する事務の種類が多岐にわたり、小・中学校数も多いため学校を対象とする監査の機会そのものが少ないような印象に反して、このように財務監査の中で学校徴収金が監査されている例もある。このうち、相模原市や福岡市、北九州市などはほぼ毎年、学校が財務監査の対象となっていたし、神戸市は事業所監査と称して学校への監査を定例化している。もっとも、浜松市や静岡市のように、学校対象の監査委員監査がほぼ毎年行われていたが、学校徴収金は対象となっていなかった例もある。

　一方、包括外部監査では、学校の財務事務が対象とされた場合には学校徴収金にも監査が及ぶケースが多い。包括外部監査（実施義務があるのは中核市以上）は、監査契約を締結した外部監査人が自由にテーマを設定して監査をするものであるから、行政関係者ではない外部監査人の目をとおして公立学校財務という特殊な世界が一般社会でどのように受け止められているか、改めて認識できる機会と考えるべきであろう。ところで、第2部第1章第2節で取り上げた四日市市の場合でいえば、同市監査委員の定期監査でも毎年小・中学校が対象となっており（併せて行政監査も行われている）、2008（平成20）年度以降は、小・中学校で扱っている準公金（預り金）に関わる事務も対象とされている。

保護者へのアカウンタビリティ

　学校徴収金に係るもう一つの問題は保護者負担の在り方にある。表7にも掲げた神戸市の2011（平成23）年度包括外部監査報告書から引用した**表8**によれば、2008（平成20）～2010（平成22）年度における神戸市立小・中学校の学校徴収金（PTA会費・同窓会費を除く）総額を児童・生徒数で割った児童・生徒一人あたり学校徴収金額は、同市の学校配分予算総額を児童・生徒数で割った児童・生徒一人あたり公費を上回る。表8のうち小学校の学校徴収金には給食費が含まれているので、それを除いた数字でみてもまだ学校徴収金額のほうが公費

表8　神戸市立小中学校の公費と私費

		平成20年度 (千円)	平成21年度 (千円)	平成22年度 (千円)
小学校	1人あたり公費	18	18	18
	1人あたり学校徴収金	66	65	66
	うち給食費を除く	21	21	21
中学校	1人あたり公費	24	24	24
	1人あたり学校徴収金	56	56	55

出典:神戸市包括外部監査人『平成23年度　包括外部監査の結果報告書』
平成24年2月、117〜118頁の表より。

（学校配分予算額）より多い。とはいえ、学校教育に係る費用はその大部分が人件費になるから、消耗品や備品、修繕費などに充てられる学校配当予算との対比でどのくらいの保護者負担割合が合理的なのか、一概にはいえない。

　自治体によっては、学校給食費を無料としている例もあるし、学校徴収金に係るいわゆる公費・私費負担区分を設けて私費負担の軽減に努めているところもある。ただし、児童・生徒個人の所有物となり、学校以外でも継続的に使用可能な物品を公費（すなわち学校配当予算等）で購入し、児童・生徒に配布することに関しては、自治体財務のルールそれ自体が壁となっている場合もあろうし、学校財務担当者の固定観念から公費での購入をあきらめている例も案外あるかもしれない。自治体の教育政策上の課題として今後も議論されるべき問題で、実務レベルからのフィードバックが期待される。

　少なくともここでいえるのは、明確化された公費私費の負担区分を前提としつつ、保護者負担を求める場合でもそれが漫然とでも恣意的でもなく合理的な根拠のもとに、必要かつ最小限の費用で最大の教育効果が得られるようなものとして決定できるように工夫していくこと、そしてそれをいつでも保護者に説明できるようにしておくことであろう。

　四日市市の実践事例（第2部第1章第2節）にも示されているように、各学校における補助教材の選定は学校集金と直結している。これらを指導上の必要性とその効果を考慮して一括購入するために保護者

から徴収している金銭であるから、それが事故のないよう保管され、会計事務も適正に行われたことを示す必要があることはいうまでもなく、その成果を検証して次年度以降の教材選定や納入業者選定に生かしていくことは、言葉の本来の意味でのアカウンタビリティといえる。

[注]
1 軍事組織においても軍事テクノロジーや武器の発展にもかかわらず既成の組織形態や運用方法に固執してしまう例が歴史上知られている点について、ジョン・キーガン（遠藤利國訳）『戦略の歴史（上・下）』（中央公論新社、2015年）を参照。
2 Wilson, J. Q., *Bureaucracy: What Government Agencies Do and Why They Do It*, Basic Books, 1989, pp. 24－27.
3 Wilson, ibid., pp. 158－171.
4 全事研『新しい時代の学校財務運営に関する調査研究報告書』文部科学省「新教育システム開発プログラム」2008年3月、7頁。
5 松本英昭『新版 逐条地方自治法』2011年、学陽書房、717頁。
6 行政実例によれば、「予算は不可分であって、委員会としての最終的審査は一つの委員会において行うべく、二以上の委員会で分割審査すべきものではない」（昭和29年9月3日自丁行発第160号、山口県議会議員宛、行政課長回答）。
7 「橋下VS大阪市教委 過激な要求次々」『東京新聞』2013年1月18日付。
8 砂原庸介『地方政府の民主主義―財政資源の制約と地方政府の政策選択―』有斐閣、2011年、154頁。
9 神野直彦『財政学（改訂版）』有斐閣、2007年、76頁。
10 小林健吾『予算管理の知識』日本経済新聞社、1988年。
11 神野、前掲書、97－98頁。
12 Vinzant, J. C., Crothers, L., *Street-Level Leadership: Discretion and Legitimacy in Front-Line Public Service*, Georgetown University Press, 1998.
13 瀧野欣彌編『最新地方自治法講座7 財務（1）』ぎょうせい、2004年、343－356頁。
14 本多正人・末冨芳・田中真秀「学校財務会計の現状と課題（2）―経費分類の事例検討を中心に―」日本教育行政学会第46回大会自由研究発表、2011年10月8日。
15 瀧野編、前掲書、354頁。
16 大蔵省財政史室編『昭和財政史 昭和27～48年度 第3巻 予算（1）』東洋経済新報社、1994年、516頁。
17 神野、前掲書、95頁。
18 財務省財務総合政策研究所財政史室編『昭和財政史 昭和40～63年度 第2巻 予算』東洋経済新報社、2004年、74頁。
19 地方財務研究会編『六訂地方財政小辞典』ぎょうせい、2011年、266頁。
20 「大阪桐蔭が不適切会計 模試代、校長口座で管理」『朝日新聞』2014年11月2日、「大阪桐蔭 不正流用一億円」『読売新聞』2015年3月24日など。

制度・政策編 | 第❷章

学校財務の組織と運用

●——— 第1節　校内予算委員会の将来像

バックウォード・マッピング

　行政学や政治学を含めた学問領域の中に政策実施研究（policy implementation studies）というものがある。政府の政策は議会が承認した法律または予算として公式に成立し、それを実行するのは政府機関の各組織や職員、業務委託を受けた民間企業等である。詳細な実施要領等を伴う政策でも個別のケースに対応した判断は、やはり各組織や担当職員に委ねられている。こうして政策の実施過程にはさまざまな組織・人員が介在することから、政策の本来の意図とは違った結果になる可能性もある。政策実施研究は、ある政策が実務レベルでどう処理されたらどういう結果になったかを明らかにしてきた。

　そこから有効な政策を立案する方法として2つの手法が提唱される。一つは政策立案者がもっと直接的に現場レベルを指揮監督できる手法を組み込むこと（トップダウン・アプローチ）であり、もう一つは逆に、政策立案過程からすでに現場レベルを念頭に置き、実務担当者がどのような相手を対象に仕事をしているか、どのような目標や手順ならば現実的かなど、実行可能性の面からさかのぼっていく政策形成手法（ボトムアップ・アプローチ）である。

　後者はバックウォード・マッピング（backward mapping）ともいわれ、教育政策での有効性が主張されている[1]。最前線組織としてのに勤務する教職員からみれば望ましい考え方かもしれない。しかし、

政策の出来・不出来の責任を最終的に負うのは議会の議員や公選職である首長であって、そうした地位の者が考える政策目標と現場担当者の理想とする政策とが一致するとは限らない。

現場レベルの職員に一定の自由裁量は必要だが、過度の裁量権を付与することは、民主的な政府統制の在り方からいっても問題である[2]。

ボトムアップ方式の予算編成過程

日本の自治体の一般的な予算編成手法である一件査定方式の過程はボトムアップ的である。首長部局では予算編成が始まる前から、各課の担当者レベルで次年度予算に盛り込む施策を日常的な業務の中で考えており、徐々に方針を固める。予算編成作業が始まると、各部局予算担当課の査定、首長部局財政担当課の査定、首長査定へと進む。もちろん、首長にぜひ実現したい政策があれば、担当の部・課に予算を確保させることもありうるが[3]、予算総額の大幅増は通常見込めないので、既存事業を縮小したり組み替えたりして必要額を確保することになる。予算全体の大部分はボトムアップ式に決まる。

こうした一件査定方式の予算編成において、各組織は予算を獲得し新規事業を実現させるための戦略と知恵を駆使してきた。前に指摘したように、議会議員の関心を引きつけるのもその一つである。また、新規事業予算を一気に獲得しようとせず、とりあえず調査費や試行事業といった予算全体の中では目立たない少額の予算を獲得しておく。これが継続的に認められれば、いずれは多額の予算を伴う新規事業本体の全面的予算化につながる。

この戦略は「ラクダの鼻（camel's nose）」や「くさび（wedge）」といわれる[4]。このとき「調査研究費」という名目がしばしば活用される。例えば、新規の大規模プロジェクトをいきなり予算要求するのではなく、まず調査研究費としてわずかな予算額が計上されているのであれば認められる可能性が高い。これを数年間（あるいはもっと長期にわたることもある）確保できれば、今更撤退することもできないと

いった状況になっているかもしれないから、そこでプロジェクト本体部分の予算要求をするといった手法がよく知られている。

　ボトムアップとはいっても、各組織は予算編成過程上さまざまな制約条件や統制の下に置かれている中での意思決定になる。また、業務の実態に関する情報・経験を予算・企画担当部課よりも豊富にもっていることが有利に働くとも限らない。まず、財政担当課から予算要求の限度額（シーリング）が設定されることは前章で述べた。それに査定側が重視するのは、それが本当に必要な予算であるかどうかもさることながら、その論理一貫性と全体的なバランスである。

　また費目ごとに細分化した経費見積の書式それ自体でも、どのような経費にいくら使うつもりなのかを議会は容易に把握できるため、行政や各現場組織に対する統制手法たりえてきた。これらはいずれも、予算という資源の投入量（input）の側面で各組織を統制することからインプット・コントロールといわれる。

　インプット・コントロールは政策目標の達成度との関連性が薄いため、予算統制・行政統制手法としてはかねてから問題視されてきたものであるのだが、アメリカでも日本でも伝統的な予算管理手法としては健在である。代表例は前述の費目ごとの予算編成（line-item budgeting）であって、日本では、節の区分による予算査定と言い換えたほうがわかりやすい。これに代替しうる予算管理手法が、次に述べる包括予算制度といえる。

包括予算制度と学校裁量予算

　第2部第1章第1節で取り上げる三条市（2005（平成17）年5月に旧三条市、旧栄町、旧下田村が合併）は、前市長時代（2005（平成17）年6月〜2006（平成18）年9月）の2005（平成17）年度に「経営戦略プログラム」を策定し、2006（平成18）年度から予算編成過程（平成19年度予算の編成）の見直しをした。「枠配分予算方式」と呼んでおり、現市長の下でも続いている。

表9　学校の裁量を拡大した予算過程の類型（経営的経費）

	各小中学校	教育長 (教委事務局)	財政担当課	首長	議会
A	要望／要求 →	査定　要求 →	査定　送付 →	査定　提案 →	審　議
	配当通り執行 ←	配　　当 ←	配　　当 ←	通　　知 ←	可決／成立
B	計画／要望 →	調整・送付 →	調整　送付 →	調整　提案 →	審　議
	配当通り/組替えて執行 ←	要望通り配当 ←	要望通り配当 ←	通　　知 ←	可決／成立
C		原案作成 →	調整　送付 →	調整　提案 →	審　議
	組替えて執行 ←	総枠で配当 ←	原案通り配当 ←	通　　知 ←	可決／成立

※網掛け部分は、N年度の予算に対してN－1年の作業であることを示す。

　この予算編成手法はいわゆる「行財政構造改革」に多くの自治体が取り組んでいた頃に注目され、前章第1節で述べたように「包括予算制度」や「財源配分予算制度」など多様な名称で実施されてもいる。一般的には、まず財政担当課が予算に計上する各種経費を経常的経費と投資的経費に大別し（三条市での区分は政策的経費、経常的経費、義務的経費）、人件費に係る分を除いた経常的経費の総額を各部課に割り当て、これを各部課の次年度予算限度額として示す。

　この枠配分された額の範囲内で各部局は、自らの意思によりその所管する各業務に配分していく。その結果を次年度予算計画として財政担当課に出し、これには査定は行われない。予算成立後には、節の区分も含め予算要求課が自ら考えたとおりに予算配当される。

　ところで、表9では学校に経常的経費が予算配当（一般的な表現としてこの用語を使っておく）されるまでの過程につき、学校の自律性を拡大した予算制度と考えられるパターンを示した。Aは本来的に予算要求の権限のない小中学校にも首長部局の各部課と同様の手続きで予算要求をさせるタイプで、三条市はこれに該当しよう。主体的な予算要求ができる点で自律的だが、減額査定されることもあろうし、予算成立後、節または細節により配当されたそのとおりに執行しなければならない。

　Bの場合、学校には一定の算定基準により次年度予算額をあらかじ

め示し、首長部局の予算編成作業開始に合わせて費目別の予算計画（要望）を徴取するが、基本的にはその要望どおりに配当する。当初学校が計画した費目別の配分どおりの執行を条件にしてもよいし、学校で組み替えて配分し直す裁量を与えることもできる。

　学校からの事前の予算計画（要望）提出を不要とするのがＣで、例えば横浜市にみられるように、学校への枠配分方式の応用を突き詰めるとこうなる。学校では年度開始後に、仮置きの数字として節の区分で示された予算総額を自由に組み替えていく。

　Ａには一件査定方式が残っており、ＢとＣが前述の包括予算制度の論理に近いといえる。ＡやＢならＮ年度予算を検討する校内予算委員会は（Ｎ－１）年に、ＣならＮ年度開始後に始動するだろう。

　包括予算制度は予算編成・執行における大幅な裁量を現場組織に与えることが政策の有効性を高めることになるとの前提に立っており、ボトムアップ的な要素をみることができる。伝統的な予算管理手法との違いは、例えば節の区分による細かな査定・予算管理をしない代わりに、各組織に対して成果目標を達成するよう要求する点にある。投入の側面ではなく資源を使って活動した結果としての実績（成果）の側面で統制を行うので、パフォーマンス・コントロールともいう。現在では多くの自治体が事務事業評価を導入しており、包括予算制度の採用には至らないまでも、こうした成果重視の考え方自体は定着してきた感がある。事務事業評価書には評価される事業ごとにその予算額が示されていることは周知のとおりである。

　学校裁量予算と称されるアイデアも、本来はパフォーマンス・コントロールの論理を備えてしかるべきところだが、かといってパフォーマンス・コントロールを全面的に採用するのもハードルが高い。学校評価の現状をみればわかるように、成果指標とされるものの多くは予算との連動性を欠いている。また、例えば学校のパフォーマンス（例えば学力テストの成績）が悪かったからといって次年度の学校配当予算を減らすという措置をそう簡単にとれるものではない。

一般論で言えば学校を含めて現場組織が予算編成・執行に関する自律性をもつことは望ましく、当該組織の職員からも歓迎されようが、しかしその分、議会や首長による統制が効かなくなり、住民にとっては由々しき問題である。
　こうした時に注目されるのが、次に述べるような予算過程の透明化や、予算編成への直接的な住民参加の発想である。

学校予算編成の透明化
　近年、自治体の予算編成の過程で、各部局が財政担当課に提出した要求と、財政担当課または首長がした査定の結果などの情報をホームページで公表する例がみられるようになった。執行部としての合意形成ができた最終的な予算案だけが議会で審議され、それがそのまま可決成立していくのであって、議会提出前の予算査定の経緯に関するこうした情報が表に出ることは従来なかった。
　中にはその査定結果について住民から意見を受け付ける例もあるし（例えば鳥取県や名古屋市など）、まちづくり関連予算のような各地域の住民生活に密着した予算事業であれば、当該地域住民からの予算要望を受け、担当部課の予算要求として反映させるという工夫をしている自治体もある。これらは、いわゆる包括予算制度に伴う民主的統制の弱体化を補うためにとられた措置と考えられているわけでは必ずしもないようであるが、首長の予算調製権限や議会の議決権限を侵さない範囲で市民参加を促すことの意義は大きいと考える。私見であるが、学校運営協議会が設置された学校においても、当該学校の予算に関して協議することにもう少し関心を示すことがあってもよいのではなかろうか。この点、第2部第1章第1節の事例では、施設一体型の小中一貫教育校のメリットを生かした取り組みももちろんのこと、校内予算委員会（事例の中では財務委員会）への保護者参加の可能性など、そこに示唆された将来像も注目に値すると思われ、参照されたい。

● ―――― 第2節　共同実施組織と専門化

学校財務組織

　前節では単位学校の財務組織について言及したので、本節では複数の学校における財務組織について取り上げてみたい。

　学校事務の共同実施に期待できる学校財務上のメリットはいくつか挙げられる。一つには第2部第2章第3節で紹介されているような、予算執行に係るコスト削減の効果であろう。この事例では校舎清掃や植栽剪定などを安芸高田市の共同実施組織である「共同事務室」が関連学校分を一括して契約することにより、いわゆるボリュームディスカウント的な節約効果があるという。もっとも、そうであれば教育委員会で全学校分を契約したほうがさらに節約になりそうであるが、例えば単価契約方式の物品購入システムの場合、契約の仕方によっては発注元の一元化や発注・納入日の限定などが設けられてしまい、個別学校のニーズに柔軟に対応できないという要素を抱え込むことはよく知られているところだろう。各学校のニーズを満たすという部分的な合理性と自治体予算の効率的な執行という全体的な合理性とのバランスをみて評価する必要があろう[5]。

　また、各学校単位で配分予算の執行残額や不足が生じた場合に、共同実施組織内での調整が可能になることもメリットの一つと考えられる。ただし予算科目上の制約があるから、通常は同じ学校種の間でしか実行できない。そして、これも突き詰めて考えれば、共同実施組織あるいは共同実施組織の設置校を、関連学校分の予算を一括して配分する単位にしてもよさそうであるが、さすがにそれは関連各学校（長）からの抵抗が大きいと予想される。

　さて、安芸高田市のように共同実施組織が財務上の権限を行使するようになれば、学校財務組織を形成でき、高校事務室相当の組織も構想できる。安芸高田市立小中学校事務処理等規程第2条および別表第

1によれば、「共同事務室」には庶務、会計、管財の3係が置かれる。学校という組織の中で総務事務の処理に特化した組織が事務職員または事務部であるが、その事務部門をさらに専門化（specialization）させることで、より正確で高度な事務管理を期待できる。この共同事務室から教育委員会事務局予算主管課の審査を経ずに会計課へ直接支出命令を送付できるようになったのも、また一定程度の契約事務が共同事務室に任されているのも、こうした共同実施のメリットが認知されたからではないかと推察される。また、安芸高田市立小中学校の管理及び学校教育法の実施に関する規則第29条の5第6項の規定により校長の権限の一部については事務長の専決も認められているから、事務部門だけで処理しうる事案ならより迅速な処理が見込まれる。

専門化のメリット・デメリット

改めて考えてみると、共同実施の基本的なアイデアは、専門化の2つの要素（水平的専門化と垂直的専門化）を含んでいる。一つには、常時ではないとしても、各学校からいわゆる総務事務とその担当職員とを切り出して共同実施組織を形成し、そこで集中して処理することになるから、水平的専門化に該当しうる。また共同実施組織に管理職事務長を置いて同じ職種の上位職者による監督が可能となることから事務管理の精度が上がるという論理は、垂直的専門化を想起できる。

サイモン（Herbert A. Simon）が指摘したように、個人であっても組織であっても、それがなしうる意思決定には合理性の限界があることは避けられない。ただし個人の情報処理能力よりも、複数の個人が集まった組織の情報処理能力のほうが「高い程度の合理性」のある意思決定を行えると想定できる。組織を作ることで、一人の個人は同時に2つの場所にいることも2つの行動をとることもできないという物理的・生産的な制約から免れるし、なおまた意思決定の分業も可能になる。意思決定の専門化が可能になることから得られる成果はこの点にある[6]。これに対し、従来は学校事務職員を各学校にいわば分散配置

してきたのであって、事務管理に関しても、本来的に学校事務職員とは異なる職種である校長の命令・監督下にあった。

　しかし共同実施組織設置校以外の連携学校の教員からは、事務職員不在の日が定期的に発生することで不便を強いられているとの声を聞くこともある。また、従来なら各学校で事務職員の判断と校長の決裁で処理できた事務が共同実施組織事務長の決裁を必要とする体制になったとすれば、意思決定の専門化（つまり垂直的な専門化）によるデメリットもまたあるはずで、自治体によっては学校事務の精度を向上させることよりも各学校で事務管理が常時行われることの利便性のほうを選ぶことになったとしても不思議ではない。これは、「目的」「過程」「顧客」「場所」のいずれの基準を用いて人員配置をするのが合理的かを問う問題だが、残念ながら諸条件の違いにより、解決策は一意に決まってくるわけではない。すなわち、共同実施という組織化を目指すことの意義と、個別学校に帰属し続けることの意義とは、予定調和的な議論ではすまされない段階にあるようにも思われる。

行政組織論における専門化
　共同実施組織に関してここまでみてきたような諸側面は、現代行政組織理論の発展に照らしてみたときにいえることでもある。ここで現代アメリカ行政学のうち行政組織論の展開をごく大まかにたどれば、テイラー（Frederick W. Taylor）に代表される19世紀末から20世紀初頭にかけての科学的管理法の普及に始まって、科学的管理法から発展して行政組織構造の諸原則を唱えた1930年代のギューリック（Luther Gulick）の理論、そしてギューリックを批判した前述のサイモンの理論へと至る。

　テイラーとギューリックにみられる能率（efficiency）重視の組織管理論は、政治が行政に恣意的に介入することで行財政運営が非能率になっている状況を改めるべく、政治からの中立を目指そうとした行政組織の在り方にも影響を与えた。いわゆる政治・行政二分論であ

る。政治（politics）が国家の意思としての政策（policy）を決め、行政（administration）は政策の執行（execution）を担当するという議論であるが、しかしその後の実社会では政策形成過程における行政の果たす役割の大きさを無視できず、政治・行政二分論ではなく、より現実をとらえた立場としての政治行政融合論のほうが優勢となり、現在の行政研究はおおむねこれを前提としたものとなっている。

　さて、テイラーとギューリックは分業体制（division of work）と専門化とを重視する点で共通するが、組織を権限の体系とみなすギューリックは、小さな統制範囲の原則（small span of control）、命令の統一性（unity of command）などを強調した。これに対しテイラーは、一人の現場作業員が複数の専門工程の監督者から指示を受けることになる職能的な監督を重視していた。

　サイモンによるギューリックへのこの点に関する批判は、奇しくも教育委員会事務局を例に次のように展開された。「しかし、ガリック（引用者注：ギューリックのこと）のいう意味において命令の統一性が守られるならば、管理のハイアラーキーのどの位置においても、ある人の決定は、オーソリティのただ一つの経路のみを通じて影響を受ける。（中略）たとえば、学校部門（引用者注：school department）の会計係が教育者の部下であり、かつ命令の統一性が守られる場合には、財務部門（引用者注：finance department）は、その会計係の仕事の技術的、会計的な側面に関して、彼に直接命令を出すことはできない」[7]。意思決定を重要視するサイモンのいう組織とは、権限の体系ではなく、メンバー間のコミュニケーション自体、つまり意思決定のことを指していた[8]。

権限の体系としての共同実施組織
　ここでは、以上のような行政組織論に依拠しつつ学校事務の共同実施組織を多面的な角度から問題点を整理してみたい。
　まず共同実施によって管理職事務長を設けることができれば、小中

学校事務にもいわゆるライン系統ができあがる。しかしすべての共同実施組織の長が事務長になるわけにはいかないであろうから、事務主幹・主査といった、本来はスタッフ職に対して用いられる職名を使用していた自治体であれば、事務主幹を長とする共同実施組織もありえ、それ自体はいわゆるグループ制的な性格にもなるだろう。

　次に、ギューリックのいうような命令系統の統一性はどうであろうか。学校という組織にいる以上、事務長自体も学校長の命を受けて業務を行う者である。サイモンがいうように、複数監督制や専門的監督制がありえないことはないから、現実には命令系統が単一でないことはよくある。例えば学校の教職員を出納員または分任出納員等に指定している場合があるが、それら学校内の出納員・分任出納員は形式上首長部局の職員を併任したことになり、出納事務に関しては会計管理者の命令系統に属している。また管理職事務長なら共同実施組織を構成する事務職員に対する服務監督者となる。権限の体系としての共同実施組織では学校長の認識と教職員間のコミュニケーションの変化に注意を要するだろう。

　さらに事務長の権限と責任について付言すれば、所属事務職員による財務会計上の不適正行為があった場合、高校の事務長と同様に管理職としての処分もありうるだろう。

意思決定としての共同実施組織

　サイモンと同様に組織メンバー間のコミュニケーションを重視するトンプソン（Victor A. Thompson）は課業の専門化と人の専門化を峻別する[9]。すなわち、課業の専門化は仕事の限定明細化であるので分業体制を指向する。人の専門化は個人が自分の存在諸条件に順応して自己の厚生（ウェルフェア）の可能性を増加させようとする、一種の社会過程を意味している。社会的ニーズに応じて、また技術革新に合わせて追加的な知識・技能を次々に身につけていった人材は、そうした技能をもち合わせていない人々から依存される立場となり、これ

は権限（パワー）の源泉となりうる。

　トンプソンの示唆は、課業の専門化が進めば進むほど人の専門化は薄くなる、よって組織の中での諸々の職務は、人の専門化と社会過程への正当な認識を踏まえて決定すべきであるという点にある。ところで、佐賀県では２教育事務所の副所長を兼ねる統括事務長ら（旧５教育事務所単位の担当制）による共同実施組織の支援体制が構築されており[10]、意思決定としての共同実施組織をトンプソンのいう人の専門化の視点から検討する上では大変興味深い事例と考える。

第3節　員数管理と財務管理

員数管理

　前節までで、専門化した財務組織を構想できたとして、次なる課題は、その組織が金銭出納管理だけを行っていればよいかどうかである。

　ところで学校管理運営を考えるに当たってはこれまで、人・モノ・金の経営資源に即して管理する、いわゆるマネジメント的な観点が主流であり、それら経営資源の質的な側面からその機能をフルに活用できるよう有効に配備・配置することが目指されてきたように思われる。しかし、企業のように利益の最大化といった客観的で単一の組織目標を設定することが難しい学校組織では、例えば人的管理と物的管理との相互の関連性はなかなかみえづらい。

　改めて考えてみるとこれら人・モノ・金の要素はいずれも学校という空間においてこれらの数量を数え上げていく作業から出発するものであること、時間の経過に伴って価値が変動するものであること、また金銭的な表現をもって情報を記録できるものであることにおいて本質的な違いはないだろう。こうした点を考慮すれば、学校管理運営の諸相を時間管理、員数管理、空間管理、そして財務管理の各局面でとらえ直すことができると考える。

員数管理と財務管理との交錯は、比較的容易にイメージできる。単純なところでいえば、予算計画を立てるうえで最もベーシックな所要金額の見込みは、「単価×個数」で算出しているであろう。学校配当予算額を算定単価で決めている自治体であれば、「学校配当予算＝学校割単価＋学級割単価×学級数＋児童生徒数割単価×児童生徒数＋α」で表現されることになる。これによって逆に学校という空間に存在する備品の配備数も決まってくる。考えると員数管理と空間管理の交錯領域もイメージできる。

　ところで、人や物の員数を数え上げていくという行為これ自体が政策形成過程上にもつ意味も大きい。ここでは政策の実施レベル、現場レベルにおける員数管理が政策決定レベルに対していかなる影響を与えうるかという側面に注目して考えてみたい。

政策形成過程における数字
　第2部第4章第1節で取り上げる大津市での実践は、従前は保護者の私費負担とされていた経費を公費負担に転換させることで学校配当予算の増額を実現させた例である。そのプロセスでは、他の中核市の同規模学校同士での学校配当予算額、学校徴収金に関する実態調査などで把握された数字が活用されている。もともと学校の財務管理では数字を伴う情報が常に生成・記録されていくのであるが、それとは別に、例えば今回の実務編で言及されたような数字、つまり私費負担とされている費目の数量を表すための数字、他の自治体との比較のために用意した学校配当予算額の数字などは、それ自体でも固有の意味をもちうることがわかる。

　デボラ・ストーン（Deborah Stone）は、政策形成過程およびその政治過程において使われる「数字」のもつ意味を、「隠喩としての数字（numbers as metaphors）」と「規範および象徴としての数字（numbers as norms and symbols）」と表現する[11]。これに即して学校財務に関わる数字を想起してみれば、以下のように考えることがで

きるだろう。

　例えばある学校の要保護・準要保護児童生徒数という数字は、具体的には一定の所得水準を下回る家庭の児童生徒を数え上げたものであるが、当該学校の周辺地域の社会・経済状況も示していることから、学校運営に関わってのある種の困難さを表すような文脈の中で使われることが珍しくない。またこの数字は県費負担学校事務職員を加配する際の基準にもなっているから事務職員が複数配置された学校を象徴することにもなるし、配置されるべき学校という規範的な意味ももたせうる。また、同規模の学校の年間予算を自治体別に数字で示すことで、これを見る人が学校予算にある望ましい水準というものがあるかのような受け止め方をするとしても不思議ではなく、一種の規範として扱われかねない。

　学校の予算拡充のために限られた財源の配分を巡る交渉を財政課、教育委員会と学校とが行うのであるから、学校のとりうる戦略としては、こうした数字をうまく利用する工夫はあってよいであろう。そのような場合に用いる数字はできるだけシンプルなもののほうが総じて有効であるように思われる。

　第2部第4章第1節の実践はまさに現場レベルで蓄積された数字を用いて政策形成に影響を与えることができた例といえるのではなかろうか。つまり学校単位での財務管理から生成される数字は、予算書・決算書などから得られる数字とは違った意味づけができる。

　ここで、例えば大津市における小・中学校費の支出額を中核市全体の中でみると、この場合も確かに大津市は少ない。次の図1は総務省「市町村別決算状況調」と文部科学省「学校基本調査」を用いて（いずれも2012（平成24）年度）、中核市の小学校費・中学校費決算額を児童生徒一人当たりでみたものである。大津市を表した点にその金額の数値を表示している。

　この統計では小・中学校建設費に係る金額を除外できないために自治体によっては各年度での変動が大きくなる場合がある。大津市は

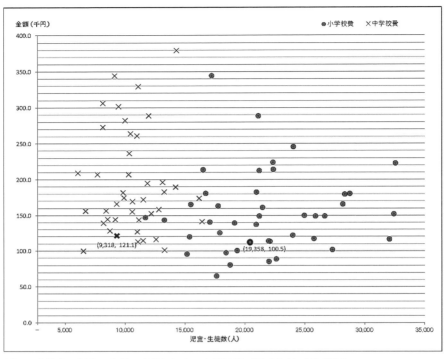

図1　中核市の児童・生徒一人当たり小・中学校費（平成24年度決算額）
出典：「市町村別決算状況調（平成24年度）」および「平成24年度　学校基本調査」より筆者作成

2011（平成23）・2012（平成24）の両年度はだいたい同じような位置にあったが、2010（平成22）年度はほぼ真ん中あたりであった。

　すなわち、大津市の児童生徒一人当たり小中学校費が他の中核市と比べて少ない水準にあるとはいっても、実は相対的なものではある。学校配当予算とはせず、小学校費のかなりの部分を教育委員会で留保しておいて教育委員会サイドが学校用途に執行しているのか、学校予算として各学校に配当してしまうかといった予算管理上の方針の違いもあることだろう（教育振興費の目には就学援助費関係予算を計上する場合が多いので、学校には配当されてこないのが一般的だろう）。このように、自治体の教育予算といったレベルの数字だけでは交渉力をもちえない場合もある。

数えることの政治性

　ただし一般論としていえば、こうした数字のもつ明瞭さやシンプルさには注意が必要である。例えば要保護・準要保護児童生徒数は経済的困窮の度合いを表現しているので、これが少ないことが逆に裕福な家庭の多い地域を示すものと受け取られかねない。

　すなわち一定の所得水準で線引きしたカテゴリーに該当する員数を数えていて、それ以外のカテゴリーに属する員数は数えていない。所得基準のボーダーラインに多くの家庭が集まっている場合も論理的にはありうる。

　また、先ほどの図１のように大津市は児童生徒一人当たりの小・中学校費が他の中核市と比べて少ないことを示す数字があっても、それは納税者からみれば少ない費用で義務教育サービスを提供できているという点で、むしろ効率的であるという評価をすることも可能である。

　さらに実践例の示唆するところによれば、県内の市町村で児童生徒に配付するプリント用紙代を保護者から徴収している自治体は１自治体だけであった。ここでは、１という数字が与えるインパクトもさることながら、「プリント用紙代を保護者負担にしている」というカテゴリー自体がすでにある種の価値観を反映している。そのカテゴリーに該当するものとしてカウントされたこと自体が意味をもつ。

　前述のストーンによれば、このように数字およびその数を数えていくという行為自体が、次のような意味で政治的であるという。すなわち、①カテゴリー別に数え上げていく際に、それぞれの個体がそのカテゴリーに該当するかどうかの判断を伴っている、②何らかの現象を測定していくことは、それが多すぎる、少なすぎる、あるいは適正な状態といった規範性を、明示的ではなくても生み出している、③数字には両義的なものもありうるので、その解釈の正当性を巡る政治的争いの起こる余地がある、④「我々は今危機に向かっている」というような何らかのストーリーを語るのに数字が使われる、⑤数字は、非常に複雑かつあいまいな現象でも、それが単純で計測可能で正確に定義

しうるものであるかのような錯覚を生じさせる、⑥人をなんらかの特徴によって数え上げたとき、その特徴を共有する人々の政治的コミュニティを形成することにもなる、⑦数を数えていくということは形状的に表せない質の問題を切り離すことになり、交渉と妥協が促される、⑧数字が大変正確であるとみなされることによって、数を数えている者の権威を補強することにつながる[12]。

このような数字の政治性は、学校教育を取り巻く国レベルの政策を想起すれば頻繁に観察できる現象である。学校と教育委員会・自治体とのミクロレベルのポリティクスにおいても同様のことがいえる。そこで用いられる数字は、個々の学校における員数管理や財務管理に付随して自動的に得られるものもあろうし、改めて集計（カウント）していく必要も生じるであろう。

いずれにしても学校における日常の予算執行管理業務や員数管理業務が自治体の教育政策過程へとフィードバックしうることは間違いなさそうである。

第4節　学校教育のコスト

行政サービスの効率性

学校財務組織は具体的にどのような数字を取り扱うようになれば政策的課題に接近できるのであろうか。第2部第4章第2節で紹介される北杜市の事例を基に、教育サービスにおける効率性を検討してみたい。

北杜市ができた際の合併は2004（平成16）年なので、地方交付税交付金の算定における合併算定替の特例（合併後も別々の自治体が存在するものとみなして計算された交付税額を合算した額を下回らないように算定する）は、2014（平成26）年度で終わった。2015（平成27）年度からの5年間で徐々に減額されていくことになっている。図2は、2012（平成24）年度に山梨県内自治体に交付された普通地方交付

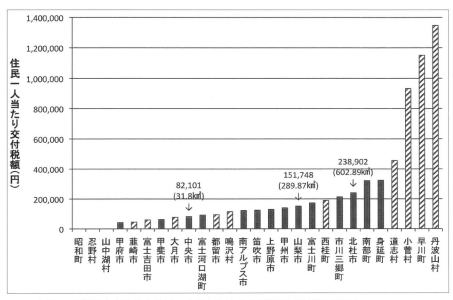

図2　山梨県内自治体の住民一人当たり地方交付税額（平成24年度）
出典：山梨県「平成24年度普通交付税の決定について（変更後）」（山梨県庁ウェブサイト「市町村の普通交付税」より）を用いて筆者作成

税額を住民一人当たり（2012（平成24）年度末住民基本台帳人口を用いた）でみたものである。なお、この年は3町村が不交付団体になっている。

　斜線の帯になっている自治体は合併算定替のない自治体（合併しなかった自治体）である。

　ところで北杜市は、同県内都市自治体の中で一人当たり交付税額が最も多い。同じ年度の「類似団体別財政指数表」により北杜市が属する都市類型の平均額をみると197,563円（人口の平均は34,298人、面積の平均は285.41㎢）であり、同県内では山梨市および中央市が同じ類型に該当する。図2ではこの3市の一人当たり交付税額と面積を表示しておいた。北杜市の場合は広大な面積を擁していることがわかる。しかもそのほとんどが森林であるという点で行政サービスの効率性では不利な条件にあるため、地方交付税に依存している状況がうかがえ

る。今後この特例による恩恵がなくなっていくことを考慮すれば、実務編の中で暗示されているように、教育予算の縮小も免れないのであろう。

地方自治体を取り巻く財政環境は前述したとおりであるから、現代の学校財務事務においては、予算の獲得という視点とともに、決算を基にしたコストの把握という視点も重要になる。

この場合、各学校の事務部門こそこれらを総合的に把握できる立場にあることは、これまでも指摘したことであるし、北杜市の実践でも示されている。ところで、学校で行う教育コストの把握には人件費や修繕費といった学校では把握しにくい経費が含まれていないことが多い。固定資産（つまり学校の校舎など）の減価償却費や人件費のうちの退職手当引当金などのような目に見えないコストも同様である。学校内部におけるミクロなコスト把握のほかに、自治体規模での教育コスト把握の考え方を取り上げてみる。

学校の維持管理コスト

第2部第4章第2節で示されているのは、各教科や行事など、活動単位のコストを把握していく試みであるといえる。そこでは主として翌年度の予算要求や予算の執行管理が意識されている。それに対して、学校という施設の維持管理コストという視点からのコスト把握をしたものが表10である。

これは北杜市『公共施設マネジメント白書』からとったもので、総人口が減っていく中、自治体が所有する公共施設の維持管理を計画的に進めていく必要があることから、こうした白書を作成する自治体が近年増えている。公共施設をのべ面積でみた場合、学校の占める比率が最も高くなるのが普通であることから、学校の維持管理コストをいかに抑制するかが課題の一つとされることが多い。この場合は公共施設の再編整備や統廃合を含めて検討することにもなる。

北杜市『公共施設マネジメント白書』では、各施設の残存耐用年数

表10　北杜市立学校の維持管理コスト（2012会計年度）

	施設名	平均支出			年当たりの施設整備相当額②（千円）	フルコスト（①+②）（千円）	面積当たり維持管理費（円）
		維持管理費	事業運営費	支出合計①（千円）			
1	明野小学校	7,335	7,844	15,179	26,890	42,068	1,500
2	須玉小学校	8,871	13,405	22,275	31,972	54,247	1,526
3	高根東小学校	5,824	6,377	12,201	18,381	30,582	1,743
4	高根西小学校	6,388	6,203	12,591	18,150	30,741	1,936
5	高根北小学校	4,003	4,690	8,693	11,143	19,836	1,976
6	高根清里小学校	6,729	6,427	13,156	14,146	27,302	2,616
7	長坂小学校	3,424	0	3,424	36,476	39,900	516
8	泉小学校	8,408	6,796	15,204	19,767	34,971	2,339
9	小淵沢小学校	9,407	15,231	24,638	26,857	51,494	1,926
10	白州小学校	7,792	6,624	14,416	21,164	35,580	2,025
11	武川小学校	7,185	5,526	12,711	22,198	34,909	1,780
12	明野中学校	9,589	7,571	17,160	29,645	46,805	1,779
13	須玉中学校	10,776	16,144	26,920	29,931	56,851	1,980
14	高根中学校	11,677	16,675	28,352	30,454	58,806	2,109
15	長坂中学校	9,839	8,745	18,584	38,836	57,419	1,393
16	泉中学校	6,034	10,131	16,166	20,543	36,708	1,616
17	小淵沢中学校	8,806	8,816	17,621	31,928	49,549	1,517
18	白州中学校	5,783	9,887	15,670	25,515	41,184	1,247
19	武川中学校	7,386	7,977	15,363	20,988	36,351	1,936
20	甲陵中学校	963	11,498	12,462	19,883	32,344	266
21	甲陵高等学校	45,524	382,639	428,162	39,298	467,460	6,371
	合計	191,742	559,205	750,948	534,160	1,285,108	1,909

※面積当たりの維持管理費は平均値
※端数処理の関係で数値の合計が一致しない場合がある。
※長坂小学校は平成25年度の開校であるが、平成24年度中に校舎が完成したため維持管理費が発生している。

出典：北杜市『公共施設マネジメント白書』2014年3月、第4章（7）より

　の期間にわたる施設整備費を年当たりに直した額と、2012年度の各小中学校の歳出予算額とを合わせて当該年度の維持管理コストとしている（中高一貫の甲陵中学校・高等学校は参考扱い）。いうまでもないが、ここでも県費負担教職員に係る人件費は含まれていない。しかし、それでも平均支出合計7億5095万円のうちの65％は市費負担の人件費であると指摘されている（同白書、第4章（7）参照）。

新地方公会計制度

　地方自治体は毎年度の決算書を作成して公表するとともに、議会の承認を得ることになっている。近年は、歳入予算の収入状況と歳出予算の執行状況との結果を示すだけではなく、企業会計的な手法を取り入れた自治体版の財務諸表（財務書類4表といっている）を総務省の要請により各自治体が作成・公表している。新地方公会計制度といわれている。ここには前述した固定資産の減価償却費や退職手当引当金も計上される。

　この財務書類4表の一つが行政コスト計算書であり、そこでは教育や福祉などの行政目的別に、減価償却費なども含めたコストが示されることになる。もっとも、この場合の教育には学校教育以外の教育サービスも含まれる。

　次の表11は、北杜市の2006（平成18）年度から2007（平成19）年度分の行政コスト計算書をもとに教育コストとその内訳を示し、そして教育コストと行政コストの総額とを各年度末の住民基本台帳人口で割った住民一人当たり金額でも示したものである（2010（平成22）年度を基準とする消費者物価指数を用いて実質額にした）。なお行政コスト計算書には自治体の普通会計ベースと出資団体の決算も含めた連結ベースとがあり、ここでは普通会計ベースの行政コスト計算書を用いている（連結ベースに教育はほとんど関係がない）。

　退職手当引当金は人にかかるコスト（ここでも県費負担教職員は除かれる）の項目に、減価償却費は物にかかるコストの項目に含まれる。ただし、この取り組みはまだ始まったばかりで、必ずしも精確なコスト情報になっていない可能性がある。例えば固定資産の減価償却に際して設定する耐用年数は「減価償却資産の耐用年数等に関する省令」を用いることになっており、それによれば鉄筋コンクリートの校舎は47年、構築物としてのプールは30年であるところを、教育関係を一括して50年といった便宜的な設定例もみられる。また1969（昭和44）年度以降の決算統計から得られる普通建設事業費の累計を固定資

表11　北杜市の教育コスト

	教育費の人にかかるコスト（千円）	教育費の物にかかるコスト（千円）	教育費の移転支出的なコスト（千円）	経常教育費総額（千円）	純経常教育費（千円）	住民一人当たり純経常教育費（円）	住民一人当たり純経常行政コスト（円）
2006年度	909,902	2,492,322	170,754	3,572,978	3,146,523	63,198	507,331
2007年度	926,219	2,385,540	135,681	3,447,440	3,088,300	62,387	483,342
2008年度	1,010,884	2,329,371	165,314	3,505,570	3,438,678	69,726	513,929
2009年度	940,773	2,497,479	168,464	3,606,716	3,534,805	71,844	532,582
2010年度	918,731	2,418,830	166,617	3,504,177	3,486,579	71,063	520,641
2011年度	919,008	2,555,118	198,683	3,672,810	3,647,082	74,700	530,307
2012年度	887,684	2,656,034	171,218	3,714,937	3,697,680	76,346	529,132

※2010年度を基準とする年度平均消費者物価指数を用いた実質額。
出典：『北杜市行政コスト計算書』各年度版より筆者作成

産（例えば校舎）の取得原価とする方式が一般的なので、それ以前のものは計上されないこともありうる。

なお、行政サービスには利用者が経費を一部負担（使用料、手数料、分担金などの受益者負担金で、自治体の歳入になる）しているものがあり、経常収益という。その分を差し引いて純経常行政コストあるいは純経常教育費が得られる。

例えば、学校給食費を私会計ではなく公会計として処理している自治体ならば、食材費を自治体の歳出予算から支出するので物にかかるコストになっているが、保護者からは食材費を徴収しているから、純経常教育費ではその分が控除される。

さて、北杜市の住民一人当たり純経常教育費は2010年度基準の実質額でみた場合、増加傾向にある。紙幅の都合で他自治体との比較表を示せないが、他と比べて北杜市の住民一人当たり純経常教育費は高く、例えば中央市の1.7倍である。すでに述べたことでもあるが、特に人にかかるコストが高い。また、物にかかるコストが増加傾向にあり、自治体合併によって多くの公共施設を抱えることになったことを考えれば、前述の白書のような公共施設マネジメントの取り組みがますます重要になるであろう。

このように一口に学校教育のコストといっても、近年では多様な指標が得られる。日常的な学校管理運営のレベルにおいても、さまざ

なコスト情報を集め、それぞれの意味するところを斟酌しながら活用していくことが望まれる。

[注]
1 Elmore, R., "Backward Mapping : Implementation Research and Policy Decisions", *Political Science Quarterly*, vol.94, no.4（1979）.
2 Peters, G. B., *American Public Policy*, CQ Press, 2013, p.143.
3 例えば、大津市の平成27年度予算の編成過程で、英語教育充実のための予算拡充を指示した市長と教育委員会との間で確執があったことが報じられた（「大津市教育長　英語教育『やむなく』　市長と足並みそろわず」『中日新聞』（滋賀版）平成26年2月25日など参照）。具体的には市議会での教育長の次のような答弁を引用しておく。「特に、この英語教育につきましては、教育委員を含めまして、全教育委員が参加した協議は3回行いました。その中で出てきた懸念点がいくつかありまして、その協議会の中では、英語だけに突出した予算措置に対する疑問、それから特に文科省が英語の新課程を前倒しで実施するとしている中で、大津市が今独自に小学校の英語カリキュラムを今する必要があるのか、あるいはまた文科省のできてくるカリキュラムとの整合性はどうなるのか、それから何よりもインターネットの活用ということで市長が強くそのことについて実施したいというお話がございましたが、その内容が不透明の中で、そこに多くの予算を投入することへの懸念、こういったようなことが私を含めて教育委員から出されました。また、市長がこのような予算を作成するに当たって、教育委員会の職員を使って御自身の意に沿うような金額あるいは内容ということで何度か繰り返しその資料作成を図ってきたわけでありますけれども、その都度私はもちろん報告を聞いておりましたけれども、大変困惑してたということがございます。」（大津市議会会議録検索システム、平成26年2月通常会議、2月24日34号）
4 ウィルダフスキー（小島昭訳）『予算編成の政治学』勁草書房、1972年、153頁。
5 いわゆる共通物品の制度を設けて、共通物品と指定された文房具類等の消耗品を各局・課が業者へ個別に随時発注することを原則禁止し、替わりに首長部局契約担当部署に対して請求するようにしている自治体も少なくないが、しばしば学校は例外扱いとされることがある（横浜市や相模原市などの例を参照）。
6 橋本信之『サイモン理論と日本の行政』関西学院大学出版会、2005年、97－100頁。
7 サイモン（松田、高柳、二村訳）『経営行動』（新版第3版）ダイヤモンド社、1992年、29頁。
8 橋本、前掲書、88頁。
9 トンプソン（大友立也訳）『洞察する組織』好学社、1971年。
10 古川治「佐賀県の共同実施と研修制度」『学校事務』2014年12月号。
11 Stone, D., *Policy Paradox: The Art of Political Decision Making*（Revised ed.）, W. W. Norton & Company, 2002, pp.165－172.
12 Stone, op. cit., p.176.

制度・政策編|第❸章
学校財務の政策的課題

● ───── 第1節　学校徴収金の諸問題（2）

義務教育の無償性（日本と米国）

　本章では学校財務組織が国や地方自治体の政策課題に接近する場面について検討していきたい。近年、教育に関する保護者負担の軽減は世の中の関心を集める政策である。そこでまず、この点に関連したテーマとして再度学校徴収金を取り上げてみる。

　第1部第1章で指摘したように、公立小中学校が主体的に決め集金している学校徴収金が、義務教育段階での保護者負担の在り方を実質的に規定している。日本国憲法第26条第2項後段には「義務教育は、これを無償とする」とある。この無償の範囲の解釈に関して概ね3つの説があることはよく知られている。教材費・給食費まで含めて無償でなければならないという解釈（修学費無償説）、無償の範囲は国の法律で定めるところによるとする解釈（無償範囲法定説）のほか、通説とされるのは、憲法は授業料不徴収を定めており、それ以外の経費の無償化へ向けた努力は立法政策上の課題であるとする解釈（授業料無償説）である[1]。例えば小・中学校で使用する教科書が無償給与されているのは、政策的に実現した制度（義務教育諸学校の教科用図書の無償措置に関する法律）によるのであって、義務教育だから当然にそうなっているわけではない。

　実は、米国の公立学校での保護者負担経費あるいは学校徴収金（school feesまたはstudent/pupil feesと呼ばれる）も日本と同じよ

うな状況にある。まず合衆国憲法に教育を規定した条項はなく、各州憲法がその州議会に対して無償の公立学校制度（free public school system）を整備することを義務づけている（これを一般にK‒12と表現し、幼稚園年長（Kindergarten）～高校（12年生）までが該当するが、年齢で規定される義務教育年限とは一致していない州も少なくないし、また多くの州で義務教育年限を超えても20～21歳まで公立学校に無償で在籍できる）。例えば、ミネソタ州憲法のArticle 13, Section 1 は次のとおりである。「共和制形態の政府の安定は人民の知性にかかっており、普遍的で統一的な公立学校制度を創設するのは議会の責務である。議会は租税その他による十分かつ効率的な学校制度を州全体にくまなく保障する旨の規定を設けなければならない」。

　各州憲法では無償の範囲を明示しないか授業料不徴収とし、具体的には州法で定める例が多く、各学校区（公立学校を設置管理する地方自治体で、その管理執行機関が教育委員会である）は、後でみるように、州法の定めるところにより人件費、施設建設費、授業料などを除き必要な料金を生徒・保護者から徴収できるとすることが多い。どのような経費を保護者負担にするかは州により多様である。学校徴収金ではなく学校が指定する物品を各家庭で調達するものもあり、例えば学校で児童生徒個人が使用する文房具類やパソコン、日用品などは、新年度開始前に学校から提示される学校使用物品一覧（School Supply Listというタイトルになっていることが多い）に従って同等品を買いそろえて持参する。

　米国統計局（U.S. Census Bureau）の統計[2]を用いて各学校区が歳入した学校徴収金の児童生徒一人当たり金額（2012年度）の平均を出してみると、特別支援学校と職業高校を除き、小学校から高校まで持つ学校区では年間約304ドルとなり、小学校のみ運営する学校区に限れば197ドルとなる。もちろん学校徴収金がない学校区もある。

　表12は、50州およびコロンビア特別区（ワシントンＤＣ）での学校徴収金の根拠とその範囲（教育課程外の活動に限られるのか、教育課

第❸章 学校財務の政策的課題

表12 各州(コロンビア特別区を含む)の学校徴収金の根拠と範囲

	C 教育課程内の活動に関わる課金は不可 (教育課程外の活動のみ可能)			D 教育課程内の活動に関わる課金も可能	
A 法律で課金を認めている	アラバマ コロンビア特別区 メリーランド ミネソタ モンタナ ニュージャージー ノースカロライナ オレゴン バージニア	アラスカ ハワイ ミシガン ミシシッピ ネブラスカ ニューメキシコ ノースダコタ サウスカロライナ	カリフォルニア ルイジアナ ミズーリ ニューハンプシャー ニューヨーク オハイオ テキサス (24)	コロラド インディアナ カンザス テネシー ワシントン	イリノイ アイオワ ケンタッキー ユタ ウィスコンシン (10)
B 法律で課金を認めていない	アリゾナ デラウエア アイダホ ネバダ ロードアイランド ウエストバージニア	アーカンソー フロリダ メーン オクラホマ サウスダコタ ワイオミング	コネチカット ジョージア マサチューセッツ ペンシルバニア バーモント (17)		(0)

出典:以下の文献を参考に筆者作成
Hamm, R. W. and Crosser, S. (1991), School Fees: Whatever Happened to the Notion of a Fess Public Education?, *American School Board Journal*, 1991, p.30.
Larson, L. and Manzi, N. (2008), *Information Brief: Minnesota's Public School Fee Law and Education Tax Credit and Deduction*, Research Department, Minnesota House of Representatives, pp.6-11.

程内の活動にも及ぶのか)について4つの区分により示したものである。B×D欄には該当がない。

　A×D欄は「無償」の範囲が最も狭くとらえられており、わかりやすい例では教科書代(購入費または貸与制の場合のレンタル料)の保護者負担がある(ただしワシントン州では教科書は無償とされている)。例えばウィスコンシン州憲法は同州議会に対して「4歳から20歳までのすべての子どものための、無償で授業料を徴収しない(free and withoutcharge for tuition)学校」を学校区が設立するよう法律で定めることを求めている(Article X, Section 3.)。同州の判例(Board of Education v. Sinclair, 222 N.W.2d 143 (Wis. 1974))により、児童生徒の負担とせず学校区が無償で提供すべきものと解釈されているのは授業料や教員の給与、施設の建設・維持費、学校備え付けの備品くらいであって、同州法によれば教科書を各教育委員会が買い上げて直接児童生徒に販売してもよいし、または指名業者に販売させてもよい(この場合販売手数料の上乗せは価格の10%までとの制限がある。ウィスコンシン州法第118.03条第(2)項)。

表中A×C欄の州では、どの範囲までを教育課程内の活動とみなすかにより違いがあるが、公立学校で提供される教育活動が無償であることを述べた上で、ただし法律の定めるところにより各教育委員会は保護者から料金を徴収することができると規定する形式は概ね共通している。ミネソタ州法では第123B.34条から第123B.39条までの各条をまとめて「公立学校徴収金法（Minnesota Public School Fee Law）」と称している。総則的な部分に当たる第123B.35条では、「公立学校は無償であり、どの生徒も、卒業に必要とされる教育活動を修了するために要する教育用の図書及び学用品をそろえる経済的能力がないことを理由に差別されない」と述べ、「各教育委員会は、第123B.36条及び第123B.38条で認められたものを除き、料金の支払いを求めることはできない」と規定する。なお、参考までに同法で認められた学校徴収金の内容を第123B.36条第(b)項により確認してみると、次のとおりである。

　「各教育委員会は次に掲げるものに係る料金の支払いを求める権限を有する。（1）教育活動のうち、活動の結果生じる製品が、当該活動に最低限必要とされる使用の範囲を超えてなお生徒の取捨選択により、生徒個人の所有物となるような製品を生じさせるすべての活動、（2）課外活動の参加料又は使用料であって、当該活動への出席が義務ではなく、公立学校生徒であるとホームスクーリング*であるとを問わずすべての生徒から同一金額の参加料又は使用料を徴収することになるもの、（3）教材、学用品、備品等の貸与に係る返却保証金、（4）体育及び運動部活動での個人使用に係る道具及び衣服。ただし、教育委員会が保健・安全上の配慮から合理的に定めた要求水準を満たしていれば生徒各自で用意してもよいとされていること、（5）生徒会報、クラスリング、卒業アルバム、卒業式案内状などの個人所有になるものでその購入が任意とされているもの、……（中略）……（7）学校区が所有又はレンタルしている楽器の使用に係る費用で、それぞれの楽器のレンタル費用又は減価償却費にメンテナンス費用の

実費を加えた金額を超えない範囲で妥当な額に設定された使用料、……（以下、略）」（第123B.36条第(b)項）。

　また第123B.37条第(a)項は教育委員会が生徒に課金してはならないものとして、教科書、ワークブック、美術用消耗品、実験用具、教科・科目の一部として実施される遠足、卒業式用の帽子、ガウンその他学校の活動で必要となる特殊な形態の衣服、図書館の蔵書、ロッカーなどを例示している。ただし、生徒に貸与中の教科書、ワークブック及び図書館の蔵書を破損・紛失した場合には当該生徒に弁済費用を請求することはできる（第123B.37条第(b)項）。

　最後に、B×C欄は学校徴収金が一切禁止されているという意味ではなく、法律での書き方が教育委員会は生徒に課金できるといった直接的な規定にはなっていないことを意味する。ジョージア州もB×C欄の例であるが同州では法律ではなく規則で学校徴収金に関する地方教育委員会の権限を定め（Georgia Rule 160-5-1-.12）、これに基づいて各教育委員会が学校徴収金に関する規程類を整備する（例えばアトランタ市教育委員会規程の中には、Atlanta City Schools Policy-JS, Student Fees, Fines, and Chargesというものがある）。

政策課題としての学校徴収金

　以上のように義務教育無償（米国の表現では無償の公立学校教育）の具体的内容（授業料以外の無償範囲）について全国的に定まった見解がないこと、教育課程に位置づく活動であっても保護者負担経費がありうること、学校指定物品のように同等品で用意するものもあることなど、日本と共通する問題が少なくない。相違点としてはまず、米国では学校徴収金の根拠が州法にある場合が多いことを指摘できる。そうでない場合でも教育委員会の権限で保護者負担を求めていることは明確になっているから、その範囲内で各学校は徴収金品目リストを毎年度保護者に示し請求する（または保護者が各自で調達する）。保護者からの徴収金は学校区の歳入となり、日本的にいえば公会計化さ

れている（通常は特別会計を設ける）。その反射的な効果として支払能力のない貧困家庭には補助金支給による経済的援助のほかに、納入免除（waiver）の措置をとることができる点がもう一つの相違点である（日本の場合、公金でない学校徴収金の「補助」はあっても「免除」はありえない）。このことは、免除対象者でない生徒が未納を続けた場合に一定の制裁措置をとりうることも意味する。例えば前述のアトランタ市教委の規程では、学校徴収金の滞納を理由に未納分を完納するまでの間、成績付与を保留することはできないが、卒業証書、通知表その他の褒賞の授与を保留することはできる。

　第2部第3章第1節では自治体の保護者負担軽減施策について、厚木市の例を取り上げている。この種の自治体政策で最もわかりやすいのは特定の経費・品目を一律公費負担とするもので、その場合はそうした財政支出を正当化するための政策目標が別途加わることが多い。例えば子育て支援策の一環として学校給食費の保護者負担分を無料化したり、学力向上施策の一環として従来ならば各学校で徴収金により購入していた問題集や学力テストなどを公費予算で購入・配付または実施したりする例がある。

　もっとも、「保護者負担軽減」のみを施策目的に掲げる事業を展開している自治体も多いが、通常は補助教材等を一括購入して配布する措置になりがちで、厚木市のように、各学校への予算として配当された予算額の範囲内で保護者負担軽減に充当する経費を学校ごとに検討する例は珍しい部類であろう。この場合、同一自治体内で保護者負担（軽減）の在り方が違ってしまうのではないかという疑問もあろうが、実態として学校徴収金の決定・請求・集金は学校長名により各学校の責任で行われてきたのであるから、公費負担率において各生徒は公平に取り扱われていることが示されれば十分ではないかという考え方も成り立つ。厚木市保護者負担軽減事業費の内訳を保護者に示すことの意義はこの点にもあるといえよう。

　また各自治体で実施する就学援助事業は児童生徒の特定集団を対象

とする保護者負担軽減策といえる。この場合も保護者負担の在り方を決めた学校の判断は重要で、例えば就学援助費を学校長が代理受領している場合、学校徴収金の未納分に充当することへの同意もとっているであろうし、逆に学校側では就学援助による補助額の上限を超えない範囲で修学旅行先を決めているであろう。

　一方、米国の保護者負担軽減策としては前述した免除の措置があり、さらに、さほど普及してはいないものの税制による軽減策もある（13州あるといわれている[3]）。例えばルイジアナ州では、公立学校が常時着用するものとして指定した制服、同じく学校から持参することを求められた教科書、教材、教具および消耗品等の購入代金の50％まで（ただし上限額は扶養する児童生徒一人につき5,000ドルまで）を保護者が州所得税の申告時に所得控除（tax deduction）できる制度がある（Louisiana Revised Statute, Title 47 Section 297.12）。なお、同州では私立学校に通う児童生徒の授業料および制服・教材等の経費と、ホームスクーリングで学習する児童生徒の教科書・教材等の経費に関しても前述の公立学校の場合と同様に保護者の所得控除が認められている（同法47:297.10および47:297.11）。

　また、ミネソタ州の場合は、州法第290.0674条により保護者が学校徴収金として納めた額の75％までが所得控除の対象とされており（上限は6年生までの子ども一人につき1,650ドル、7年生以上の子ども一人につき2,500ドル）、教育課程上の遠足や学校指定の体育着などが対象になる（卒業アルバムなどは対象にならない）。さらに貧困家庭（年収33,500ドル未満）には給付付き税額控除（tax credit）の制度があり、該当する家庭が学校徴収金を払った場合は申告により子ども一人につき1,000ドルを限度に還付を受けることができる。なお、前述のSchool Supply Listによる指示どおりに学用品類をそろえてこない児童生徒がいた場合や、学校の予算で購入できない物品等を仕方なく教員が自己負担で購入する例も珍しくなく、この点も日本の状況とさほど変わらない。米国のマーケティングリサーチ会社の調査によれば、

学校の教員が教室で使用する消耗品・教材、図書および業務に係わる自己研鑽のために自己負担した費用は2014年度で平均513ドルであったといわれている[4]。

ところで、米国の教員には連邦所得税の申告に当たって教員が教室内で使用するために図書、消耗品、コンピュータ等の物品を購入した場合の経費を250ドルまで所得控除することが認められている（26 U.S. Code, Section 62（a）（2）（D））[5]。

こうした初等中等教育に係る保護者（または教員の）金銭的負担軽減策の日本への応用可能性はともかくとして、日本の政策立案部門または学校現場においても、さまざまな施策をフルに活用した保護者負担軽減策を構想してみる機会があってよいのではないかと考える。

●──── 第2節　政策イノベーションと公立学校への支援

政策手法

これまで日本の公立学校が利用可能な資源といえば、公費予算か、私費負担経費に限定されがちであった。地域団体からの寄付や慈善団体の助成金を受ける例はあっても、一般的な資源ではなかった。近年は、学校支援地域本部など、政策的に学校の新たな資源（財源）が見出されるようになっている。ここに学校財務組織が係わりをもつようになると政策課題に接近する場面がまた1つ増える。

ところでまず、第1部第2章で取り上げた「政策実施」の概念に加えて、政策手法（policy instruments）の概念を補足しておきたい。すなわち、政策内容・理念の素晴らしさだけでは、政策目標の実現に向けて政策対象の行動を促すことが不可能な場合が普通であるから、政策実施の構想には政策手法の選択が伴う。政策手法の類型は論者によっても、また政策領域によっても異なってくるが、教育政策に関していえば例えば、「義務づけ（mandates）」、「誘導（inducements）」、「能力形成（capacity-building）」、「システム変更（system-changing）」

などが知られている[6]。

「義務づけ」と「誘導」は、法律において実施義務を課すような場合や補助金をイメージすればわかりやすい。「能力形成」は、政策の実施主体側の能力・スキルの不足が原因で実施されない場合に、財政援助等によりその能力形成の機会を保障しようというもので、「システム変更」は、現行制度における権限配分の在り方が政策の実施を阻害していると考えるもので、実施主体を取り巻く制度を変えたり、ある者から権限をはく奪して他の者に付与したりすることになる。

日本では先導的試行という言葉が当てはまるかもしれないが、限定的・特例的に実施してみてその効果をアピールする「実証（demonstrations）」という手法もあるし、いずれの手法でも実現可能性を担保できない政策というものはありえるから、その場合は「説得（persuasion）」や情報の公表といった方法に依拠することになる[7]。第1部第2章第3節で政策形成過程における「象徴としての数字」について述べたが、例えばある政策を自治体の8割が実施ずみといった具体的事実の調査・公表は未実施自治体にとっては何らかの動機づけになるかもしれない。2015（平成27）年6月施行予定の食品表示法が食品関連事業者等は食品表示基準に従った表示がされていない食品の販売をしてはならないと定めているのは、消費者への適切な情報提供により消費者の適切な行動を促そうとする例である。

「誘導」「説得」と学校支援地域本部

以上のことを踏まえて考えると、学校支援地域本部は法律上の根拠もないし、当然に実施義務もない。そこで「誘導」としての補助金が用意されているが予算のみに根拠がある予算補助（これに対して義務教育費国庫負担金のようにその支出根拠が法律にある補助金を法律補助という）である。この補助金による「誘導」としては2008（平成20）年度から2010（平成22）年度までの3年間は学校支援地域本部事業として国負担10分の10の高い補助率が用意されていた。現在は補助率3

分の1の国庫補助事業（「学校・家庭・地域連携協力推進事業費補助金」）のうちの1メニューにすぎない。補助事業としての継続性は毎年度の予算次第であるから、自治体側の関心はこの政策を導入することでメリットが期待できるか否かにある。

　学校支援地域本部（名称は多様である）の設置を促す自治体と対象となる学校またはその地域本部との関係も同様で、各自治体は自主財源により補助金を支出している。

　第2部第5章第2節では宇都宮市の事例が紹介されているが、同市でも「魅力ある学校づくり地域協議会」（以下、単に地域協議会）に対する交付金がある。ただし、多くの自治体で補助金・交付金の整理・見直しは行財政改革の具体的な取り組みに挙げられることが多いのもまた周知のとおりであるから、かなり厳しい環境条件にある。学校支援地域本部のような政策の持続可能性を高めるためには、「誘導」の手法に加えて「説得」（関係者の納得・理解）といった複数手法のミックスが不可欠だろう。

　「システム変更」と中核市のプレゼンス
　前述した宇都宮市の地域協議会は、「宇都宮市版コミュニティ・スクール」ともいわれているように、制度的には別の範疇であったコミュニティ・スクールと学校支援地域本部を一体的に運用している。全校設置という目標はこうした「システム変更」的手法によって可能となったものといえる。また、宇都宮市が進める小中一貫教育政策にみられる「システム変更」も注目される。

　宇都宮市では地域学校園を導入するに当たって予算科目を変更したことも第2部で紹介されているとおりであるが、**表13**で2011（平成23）年度と2012（平成24）年度間の経費の比較を示した。具体的には学校配当予算（表中の斜体字部分）を教育総務費の項に集約することで、小・中学校間の柔軟な予算執行を可能にしている。

　予算形式上は伝統的な小学校費、中学校費（以上、項の区分）、小

学校管理費、中学校管理費、教育振興費（以上、目の区分）は残しつつ、学校配当になる経費分を教育総務費の中の地域学校園振興費（目）に計上するように変えたものである（2012（平成24）年度当初予算では9億1600万円）。

　小中一貫教育政策を進めるうえで、こうした予算制度の「システム変更」は今後検討されてよいのではないかと考える。例えば、八王子市は小中一貫教育を導入するに当たり、**表14**に示すように、議決科目（項の区分）である小学校費と中学校費を同一項の中の目の区分（すなわち執行科目または行政科目）にする変更を行った。

　政策手法としての「システム変更」は、地方分権政策にもみることができる。すなわち中核市の制度であって、中核市になれば自ら意思決定できる権限が都道府県から一部移譲される。教育に関しては県費負担教職員の研修に関する権限の委譲ぐらいしかないともいわれるが、もう少し総合的に評価してもよいだろう。

　例えば、市町村教委は学校で児童生徒や職員対象の健康診断を実施する際に保健所に連絡・協力を得る責務があるが（地方教育行政の組織及び運営に関する法律第57条、学校保健安全法第18条など）、中核市になれば自ら保健所を設置できるから、学校を含めた保健衛生行政を一貫した体制で実施することが可能になる。

　ところで、新しいアイデアに基づく政策を見いだすことを政策インベンション（発見）といい、新しい政策を採り入れることを政策イノベーション（革新）という[8]。

　近年では「まちづくり」と称される政策領域が典型的だが、各自治体は同じような類型の他自治体の動向を配慮しつつ、政策立案上の創意工夫を競い合う。中核市のように一定の権限委譲を受けた都市であれば独自性を打ち出せる幅が広く、それが他都市にも採用されることになっていくだろう。つまり、政策インベンションの観点からも、また政策イノベーションの観点からも分析対象として興味深い存在になっている。

表13　宇都宮市の予算科目の変遷

款	平成23年度			平成24年度		
	項	目	事業(説明)	項	目	事業(説明)
50 教育費 ¥16,972,067 (平成23年度) ¥18,014,216 (平成24年度)	5 教育総務費 ¥4,086,685	5 教育委員会費 ¥5,505		5 教育総務費 ¥4,621,537	5 教育委員会費 ¥5,483	
		10 事務局費 ¥1,838,191	職員給与費 ¥1,435,225 職員被服費 ¥37 公務災害補償費 ¥1 人事管理費 ¥161,077 教育企画費 ¥14,416 小中一貫教育推進費 ¥41,504 学校事務システム費 ¥29,594 学校管理事務費 ¥51,902 教職員事務管理 ¥2,339 教職員給食管理 ¥1,902 給食センター運営費 ¥27,906 一般事務費 ¥4,048 資英事業特別会計へ繰出 ¥68,240		10 事務局費 ¥1,792,362	職員給与費 ¥1,429,724 職員被服費 ¥37 公務災害補償費 ¥1 人事管理費 ¥14,956 教育企画費 ¥7,870 学校事務システム費 ¥14,269 学校管理事務費 ¥55,260 教職員管理費 ¥2,179 学校給食検査管理費 ¥2,445 給食センター運営費 ¥38,699 一般事務費 ¥3,131 資英事業特別会計へ繰出金 ¥63,791
		13 教育指導費 ¥1,494,203	教職員給与費 ¥264,178 教育奨励費 ¥223,783 学校運営活性化支援費 ¥9,300 学力向上推進費 ¥241,402 学校保健安全推進費 ¥8,198 教育センター費 ¥44,430 教職員研修費 ¥5,807 教育相談費 ¥27,551 学校生活支援事業費 ¥101,544 特別支援教育費 ¥194,027 通応支援教室事業費 ¥29,482 教育情報システム費 ¥343,599 教育センター整備費 ¥902		13 教育指導費 ¥1,099,655	教職員給与費 ¥217,646 教育奨励費 ¥31,147 学力向上推進費 ¥90,896 学校保健安全推進費 ¥7,781 教育センター費 ¥44,047 教職員研修費 ¥5,608 教育相談費 ¥27,458 学校生活支援事業費 ¥103,956 特別支援教育費 ¥211,097 通応支援教室事業費 ¥29,594 教育情報システム費 ¥328,985 教育センター整備費 ¥1,440
				14 地域学校園振興費 ¥916,445		教科書給与費 ¥484,836 教育奨励費 ¥19,704 地域学校園運営費 ¥255,721 校用器具費 ¥10,122 教材教具費 ¥78,474 特別支援学級費 ¥10,543 図書費 ¥57,045
		15 幼稚園費 ¥748,786	幼児教育助成費 ¥748,786		15 幼稚園費 807592	幼児教育助成費 ¥807,592
	10 小学校費 ¥4,689,187	5 小学校管理費 ¥2,902,361	職員給与費 ¥256,155 職員被服費 ¥179 小学校管理費 ¥1,014,485 校用器具費 ¥7,185 給食運営費 ¥1,247,348 保健衛生費 ¥181,566 事故災害共済費 ¥26,325 校舎等維持修繕費 ¥169,118	10 小学校費 ¥5,285,454	5 小学校管理費 ¥2,737,112	職員給与費 ¥197,914 職員被服費 ¥125 給食運営費 ¥887,645 保健衛生費 ¥1,274,258 事故災害共済費 ¥181,585 校舎等維持修繕費 ¥26,467 ¥169,118

72

第❸章 学校財務の政策的課題

宇都宮市の予算科目の変更（金額の単位は千円）

| 平成23年度の斜体字部分 合計 | ¥169,715 | 平成24年度の斜体字部分 合計 | ¥156,184 |

平成23年度		平成24年度	
15 中学校費 ¥2,401,104	10 教育振興費 ¥433,433		10 教育振興費 ¥327,902
	小規模特認校費 ¥13,962		小規模特認校費 ¥13,842
	教材教具費 ¥48,789		教育機器導入費 ¥160,499
	特別支援学級費 ¥6,697		就学奨励費 ¥150,819
	図書費 ¥36,855		保健体育指導費 ¥2,742
	教育機器導入費 ¥178,961		
	就学奨励費 ¥145,398		
	保健体育指導費 ¥2,771		
	15 小学校建設費 ¥1,353,393		15 小学校建設費 ¥2,220,440
	小学校耐震化推進費 ¥36,492		小学校耐震化推進費 ¥44,511
	小学校整備費 ¥1,132,708		小学校整備費 ¥1,749,109
	薬瀬小学校体育施設建設継続事業 ¥184,193		薬瀬小学校体育施設建設継続事業 ¥112,409
			国本中央小学校校舎改造継続事業 ¥143,402
			宮の原小学校体育施設建設継続事業 ¥171,009
	5 中学校管理費 ¥1,351,591	15 中学校費 ¥2,876,819	5 中学校管理費 ¥1,264,326
	中学校管理費 ¥502,485		中学校運営費 ¥429,816
	校用器具費 ¥8,633		給食運営費 ¥629,831
	給食運営費 ¥635,494		保健衛生費 ¥75,864
	保健衛生費 ¥76,128		事故災害共済費 ¥12,123
	事故災害共済費 ¥12,159		体育運営助成費 ¥14,621
	体育運営助成費 ¥14,621		校舎等維持修繕費 ¥102,071
	校舎等維持修繕費 ¥102,071		
	10 教育振興費 ¥334,927		10 教育振興費 ¥269,521
	中学校費 ¥24,735		中学校運営費 ¥89,273
	教材教具費 ¥3,011		就学奨励費 ¥173,153
	特別支援学級費 ¥33,810		保健体育指導費 ¥7,095
	教育機器導入費 ¥93,563		
	就学奨励費 ¥173,695		
	保健体育指導費 ¥6,113		
	15 中学校建設費 ¥714,586		15 中学校建設費 ¥1,342,972
	中学校耐震化推進費 ¥10,361		中学校耐震化推進費 ¥17,851
	中学校整備費 ¥704,225		中学校整備費 ¥1,072,572
			旭中学校体育施設建設継続事業 ¥252,549
20 社会教育費 ¥3,958,886	11 生涯学習費	20 社会教育費 ¥3,550,842	（省略）
	15 文化振興費		
	21 生涯学習センター費		
	25 文化会館費		
	30 図書館費		
	31 美術館費		
	（省略）		
25 保健体育費 ¥1,836,205	10 体育施設費	25 保健体育費 ¥1,679,564	（省略）
	（省略）		

表14　八王子市の予算科目（項の区分）の変更

款	平成16年度まで		平成17年度以降	
	項	目	項	目
教育費	1 教育総務費	1 教育委員会費 2 教育指導費 3 奨学費 4 教育センター費 5 幼稚園費	1　（同左）	（同左）
	2 小学校費	1 学校運営費 2 学校給食費 3 学校整備費	2 学校運営費	1 小学校費 2 中学校費 3 給食費
	3 中学校費	1 学校運営費 2 学校給食費 3 学校整備費	3 学校整備費	1 小学校費 2 中学校費
	4 社会教育費	1 社会教育総務費 2 青少年健全育成費 3 青少年施設管理費 4 文化財保護費 5 公民館費 6 郷土資料館費 7 図書館費 8 子ども科学館費	4 生涯学習費	1 生涯学習総務費 2 青少年健全育成費 3 青少年施設管理費 4 文化財保護費 5 公民館費 6 生涯学習センター費 7 郷土資料館費 8 図書館費 9 子ども科学館費
	5 保健体育費	1 保健体育総務費 2 体育施設費 3 体育館費	5　（同左）	（同左）

政策イノベーション

　宇都宮市のまちづくり政策には多様なメニューがあり、その一つに「全国に誇れる・選ばれるまちづくり事業」の選定（2013（平成25）年度は81事業）がある。

　これは各部・課で所管する事業をピックアップし、それらの各事業を、「独自性」（地域の資源やアイデアを活用し、宇都宮らしさや独創性・独自性があり、"宇都宮オリジナル"や"宇都宮モデル"として全国に誇れるもの）、「先駆的」（市民ニーズや時代の趨勢を見据え、全国に先駆けて取り組むもの）、「トップクラス」（活動量やその成果などが客観的・定量的に全国でトップクラスにあるもの）の３区分のいずれか、または複数にカテゴライズしたものであり、教育分野では本節で取り上げたいずれの施策もここに選定されている。

学校応援基金と地域学校園・小中一貫教育は「独自性」に、学校応援制度は「独自性＋先駆的」に、そして地域協議会は「独自性＋トップクラス」に区分されている。中でも地域協議会は、「『宇都宮版コミュニティ・スクール』として本市独自の運営体制を構築（全小中学校における取り組みは、中核市で唯一）」と位置づけられた。

　ところで2006（平成18）年の地方自治法改正により、行政財産のうち庁舎等についてその床面積、または敷地に余裕がある場合として政令で定める場合にはその余裕がある部分を貸し付けることができる（地方自治法第238条の4第2項第4号）ようになったことは公立学校と無縁ではない。主に県立高校の場合であるが、学校内に設置されていた自動販売機は、以前であれば行政財産の目的外使用許可処分として設置業者から使用料を徴収していたのに対し、行政財産の貸付として業者の決定に一般競争入札を実施することによって、使用料であったときの数十倍もの貸付料収入を県が得られるようになっている。公共施設数の中でも学校が占める割合は格別多いから、多くの自治体（この場合は主に県）で採用されているが、増えた歳入が学校に直接還元されるわけではない。

　このように近年、各自治体は新たな財源・歳入確保を模索している。制度的なものとしては「ふるさと納税」のしくみが注目される。その際、税の使用目的の選択肢として教育事業を用意する自治体はあるが学校までは特定できない。この点、例えば一般的に見られるような自治体における広告入り封筒も事情は同じで、自治体の業務として用いるために広告入り封筒の寄附を募り、例えば教育委員会から保護者等への発信用に使用する例は珍しくないが、宇都宮市の学校応援制度のように学校での使用を前提とした寄附は珍しい。学校応援基金も、類似施策（いわゆるスクールファンド）なら他の自治体にもあるが、市の事業としてここまで積極的にアピールする自治体は管見の限りあまり例がない。こうした新しい教育政策が他の自治体に採用されて政策イノベーションを起こし、日本の公立学校における財務事務に

とっての転機となるかどうかが今後の研究課題である。

第3節　学校徴収金の諸問題（3）

財務事務の一元的管理

　前節で見たように、学校が利用可能な資源が拡大しうる局面において、学校財務組織に期待される役割を本節で検討しておきたい。

　学校における財務事務は、教育課程上の活動であると教育課程外の活動であるとを問わず、そしていわゆる準公金も含めて一元的に管理できるようにするのが望ましいに違いない。これによって得られるメリットはいくつかある。第1に、総額としてみれば意外に大きな金額になる私費会計にも公費と同様の財務規律が徹底されうる。学校規模により一概にはいえないものの、個別の学校が年間に取り扱う学校徴収金の総額が、学校に配分されてくる公費学校予算の額と比較しても決して小さくないことは、第1章第4節の表8で示した神戸市の例からも推察できよう。

　ここでは、第2部第3章第2節で紹介されている春日市立春日西中学校の学校配当予算と学校徴収金の総額を比較した表15により、改めて確認しておきたい。なお、学校徴収金は各年度各学年別の生徒一人分の徴収金額に5月1日現在の生徒数を掛けて計算したものである。春日西中学校は2010（平成22）年度までは24学級・800人を下回ることのない大規模校であったが、2014（平成26）年度には生徒数737名、学級数20学級であった。それでもいわゆる標準規模をやや上回っていたから（ちなみに生徒数700

表15　学校配当予算と学校徴収金額との比較
（春日西中学校　名目額）

	公費 （学校配当予算） 合計	学校徴収金 合計
平成23年度	¥18,919,000	¥36,404,840
平成24年度	¥17,669,000	¥31,660,148
平成25年度	¥18,694,000	¥39,233,760
平成26年度	¥18,694,000	¥31,535,588

人以上の中学校は日本の全公立中学校数の7.3％である)、表15からもわかるように学校徴収金の額（PTA会費を含む）も大きく、いずれの年も学校予算の２倍ほどになっている。公費としての学校予算がその事務部門で一元的に管理されているのであるから、私費会計も同様に事務部門で一元管理されたとしてもおかしくはないだろう。

総合的な資金管理

　第２に、学校徴収金が公費予算（学校配当予算）の代替的または補完的財源となってしまうことを防止するうえでも有効と思われる。いわゆる公費私費負担区分が明定されている場合でも、その具体的な適用のノウハウは財務事務担当部門に蓄積されるとみるのが自然であるから、学校徴収金についても財務担当者が関与することにより、公費では購入できないものとの教員の思い込みにより実質的な保護者への負担転嫁がされたり、公費予算に関する財務ルール上の制約（品目や決裁の手間など）を嫌って学校徴収金で安易に購入したりするような誤りを防ぐことができよう。課外活動費のうちでも部活動費のような学校徴収金の会計管理事務については、学校財務担当者の関与する機会はさらに希薄になっていると予想される。

　私見であるが、こうした経費こそ学校の総合的な財務管理・資金管理の手法とノウハウを生かすべきではなかろうか。当然に私費負担とされてきた教育課程外の活動に関わる経費ではあっても、公費予算措置を要望しうる余地はないか、各種補助金を活用できる部分はないか、といった視点から学校の財務事務担当者が果たしうる役割は決して小さくないと考える。

　春日市の例では学校運営協議会委員の学校予算に対する関心の高さがうかがえるが、そうでないコミュニティ・スクールでも私費負担の在り方に関してならば委員の関心も高くなることが期待でき、コミュニティ・スクールにおける総合的な資金管理は今後、学校財務を研究するうえでの重要なテーマとなりうる。

さらにいえば、近年は公立小中学校を特定した支援を可能とするための任意組織が管理する基金（いわゆるスクールファンドなど）が設立されるのに備えて、学校向けのガイドラインを整備する自治体もある。こうした組織から学校が直接に金銭を授受することはないにしても、どれくらいの金銭的価値に該当する支援を受けたかについては認識しておく必要があり、そのためにも学校内各種徴収金会計単位の資金管理が一元的になされていることが有用ではないかと考える。

公費と私費の関係
　前述のように、公費（学校）予算が少なければその分私費負担が増えているのではないかとの推測がなされがちである。これまでも紹介した米国の場合は確かにこうした問題が指摘される。すなわち、地方学校区教育委員会が普通地方公共団体である市町村から財政的に独立し独自財源（一般的なのはschool taxと呼ばれる固定資産税）により学校を設置管理することが多いから、歳入予算の不足には教育活動の整理合理化で対応することになる。とりわけ高校のスポーツ部活動やチアリーディング、ブラスバンドなどでのコーチに係る人件費、設備・用具類の整備や大会参加費用などを公費予算措置してきた学校区の財政状況が逼迫してくると、まずこれらの課外活動予算から先に削減されるのが常である。学校の活動として存続させるためには寄附やバザーで資金集めをするか参加生徒の自己（保護者）負担を増やすしかなく、後者の場合は学校徴収金（school fees）となる。
　各学校区の教育委員会がその規則等で、例えば保健体育課長にそうした課外活動費を学校徴収金として保護者に請求する権限を与える措置がとられることになり、Pay to Play（オンラインゲームでも使われる言葉で、直訳すればプレーし続けるために支払う）施策といわれている。学校における課外活動の教育的効果を認める立場から、教育委員会は安易に保護者負担に転嫁するのではなく、やや過熱気味の観がある活動内容と必要経費の見直しをして負担軽減に努めるべきとの

図3 長野県内自治体の中学校費と学校徴収金（平成23会計年度）（単位：円）

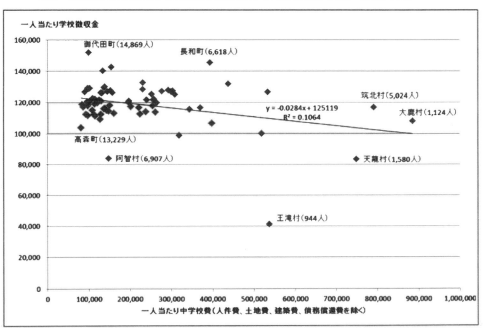

出典：長野県教育委員会「平成24年度地方教育費調査」、同「平成24年度学校納入金等調査」より筆者作成

見解を示す研究者も少なくない[9]。もっとも、前にも述べたように公金として歳入されるので、貧困な家庭に対する減免措置を用意することはできる。

さて、日本の場合は少ない公費予算を保護者負担経費でカバーしていると単純には言いきれない。次の図3は、長野県教育委員会が毎年公表している「地方教育費調査」と「学校納入金等調査」を用いて（東京都と長野県は珍しくこのような統計を出している）、長野県内各自治体が支出した中学校費と公立中学校の保護者が支出した学校徴収金の自治体別生徒一人当たり金額を示したものである（原稿執筆時に両統計がそろう平成23会計年度の数値。表示された自治体名の横の括弧は平成24年1月1日現在の人口）。確かめたかったのは公費予算

の額と学校徴収金の額との関係であるから、ここでいう一人当たり中学校費は、保護者負担への転嫁がありうる経費、つまり「消費的支出」のうちの教育活動費、管理費、補助活動費、所定支払金と、「資本的支出」のうちの設備・備品費と図書購入費の金額とした。学校徴収金の内訳はPTA会計以外の、教科活動費、生徒会・学級会費、クラブ・行事費、遠足・修学旅行費、学校給食費、保健衛生費、生活・進路指導費、学校図書館費、その他である。グラフでは右下がりの回帰直線を引くことはできるものの、相関はあまりないようで、小学校の場合はもっと小さくなる。

　なお、県内自治体のうち生徒一人当たり学校徴収金額が最も小さいのは王滝村である。県内公立中学校の給食費月額平均が5572円（平成23年度）という中で、同村は学校給食費の保護者負担分を無償化（予算上は学校給食費補助事業）している。これくらいの小規模自治体になると学校徴収金の公費化の効果もわかりやすいが、自治体の財政状況全般も併せて考慮する必要はあるかもしれない。

　同村は旧村営スキー場の負債を抱えていたことから他町村との合併が頓挫し、またこの負債のため平成20年度決算の実質公債費比率が早期健全化基準を超え、平成21年度に財政再生団体（現在は夕張市のみ）一歩手前の財政健全化団体となった。人件費や事業費を大幅に削減して、平成22年度中には財政健全化団体を脱却した経緯がある。学校給食費の無償化は平成22年度の補正予算から始まり、同村の子育て支援政策における主要事業の一つになっている。

共同実施の活用

　最後に、学校徴収金の保管・執行のプロセスに透明性や適正性を確保するためにも学校財務担当部門の関与が重要である。いわゆる学校徴収金（準公金）取扱要領のような規程を設ける教育委員会は少なくないが、一般にこれらは学校長の責任を明確にすることと、担当者に金銭の出納帳簿類の整備を求めることに主眼があるのであって、財務

事務一元化の思想のもとに学校組織において公費予算の執行管理と同一の管理体系を確立しようというものには必ずしもなっていない。つまり、現金の保管・出納の管理者、発注権限の所在、そして公費予算の場合にいう検収担当者といった役割分担も各学校の判断に委ねられるから、学校徴収金に係る業務を同一人（各種会計の担当教員など）だけで処理することもできてしまう。

　確かに各学校の職員配置の状況は多様で、小規模校のような実態を考えればこうした相互けん制的役割分担と財務事務担当者の専門分化とを一律に強制することには無理があるかもしれないが、そうしたところでこそ学校事務の共同実施を活用する余地があるというべきではなかろうか。

第4節　学校給食費の公会計化

学校給食費公会計化の背景

　学校財務組織が学校に係る財務事務管理に関して一元的に関与することで、政策課題にも接近する機会が増えることになる。このとき最も悩ましい問題の1つが、学校徴収金の未納対策である。本節では学校給食費を例にして、学校財務の政策的課題を考察する。

　ところで第2部第5章第1節で言及されている学校給食費の公会計化が散見されるようになった背景には、いくつもの要因が重層的に影響したように思われる。第1には、学校給食費の未納者の存在がクローズアップされたことであり、ここからは2つの問題が顕在化した。一つには、未納保護者への督促や滞納金の回収といった仕事が第一義的には学校の責任とされることで、これが教員の負担となっているとの指摘であり、もう一つは、収入不足による食材費の支払遅延や、最終的に滞納分の回収をあきらめざるをえなくなった場合などの収支バランスのとり方の問題である。実態として提供する食事内容での調整や他の私会計等からの補てん、教職員による立て替えなどがあ

る。給食費の性質は本来実費の徴収であるが、こうなるといわゆるフリーライダー問題＊と似た状況になる。

　とはいえ、公会計化（ごく簡単にいえば地方自治体の歳入として処理すること）しても、喫食数の管理や返金に伴う事務作業、未納者への第1段階のアプローチ等が従来どおり学校に任されているとすれば、負担をすべて免れてはいない。公会計化によって市全体の学校給食費管理事務の流れに統一性がもたらされるのであれば、共同実施や学校間連携がそうした事務の受け皿となることは十分ありえる。

　第2には、債権者と債務者の関係が不明瞭であった点である。公立小中学校の学校給食の実施主体は設置者である地方自治体であるのに、前述のように実費の徴収は学校の責任とされるのが一般的であった[10]。私会計のままでも、例えば学校給食を申込制にして申込書の提出を求めたり、同申込書の様式として学校給食費の支払意思を確認しておく工夫がされたりする例はある。しかし、例えば申込書の提出に応じない保護者の児童生徒には給食を提供しないことができるかという問題が新たに発生し、根本的な解決策にはなりそうもない[11]。なお、宇都宮市において学校長が保護者に対して提出を求めるものとされる「学校給食費納入確約書」（宇都宮市学校給食の管理及び執行に関する規則第19条）に「連帯保証人」の署名欄があることが話題となったことがあり、その後「保証人」という表現に変更された[12]。

　さらに第3点目は、学校や学校給食センターで保管・管理する私会計としての学校給食費の横領や私的流用といった問題である。学校徴収金取扱要綱などにより各自治体で独自の財務規律が整備されつつあるとはいえ、そもそも学校徴収金そのものの範囲を狭めていく（現金を扱わない）ことが望ましいとすれば、制度的にも金額的にも最も改革の余地がありそうな徴収金は、学校給食費であろう。

　こうして、いわゆる学校給食費未納に関連する諸問題についての具体的な対策として、各論者が概ね支持してきたのが公会計化であったといってよい。前にも指摘したように、全額公費負担にしてしまえば

給食費の未納は発生するはずもなく、現にそうしている自治体もあるにはあるが、すべての自治体でとりうる政策ではない。

現在、学校給食を実施する全自治体の会計処理の方法（公会計か私会計か）がわかるデータは持ち合わせていないが、次の表16でも言及した文部科学省の学校数ベースでの抽出調査によればわずかだが増加しているようである。

表16は朝日新聞と読売新聞のデータベースを用いて、「学校」AND「未納」をキーワードにして検索した際の記事本数を年別に集計したものである。表16の右欄外には文部科学省が学校給食費の未納の有無を含めて給食費の徴収方法等の調査を不定期で行っていたときの調査年を示している。こうした世論の動向に加えて、税等の滞納整理に積極的な自治体は給食費も含めて債権回収を一元化できる体制ができつつあり、これも給食費の公会計化を促したと考えられる。

表16 「学校」と「未納」をキーワードとした検索結果（記事本数）

年	朝日新聞	読売新聞	
2005	0	1	
2006	17	26	←※（Ⅰ）
2007	43	41	
2008	22	26	
2009	9	9	
2010	10	14	←※（Ⅱ）
2011	6	9	←※（Ⅲ）
2012	3	7	

（備考）
「聞蔵Ⅱ」（朝日新聞記事データベース）、「ヨミダス歴史館」（読売新聞記事データベース）を年毎に検索、高校関連記事、声欄、未納問題に直接関連しない特集記事を除いた件数
※（Ⅰ）：文部科学省「学校給食費の徴収状況に関する調査」（2006年11〜12月、悉皆調査。公表は2007年1月）
※（Ⅱ）：文部科学省「平成21年度における学校給食費の徴収状況に関する調査」（2010年6月〜8月、610校、公表は2010年12月）
※（Ⅲ）：文部科学省「平成22年度における学校給食費の徴収状況に関する調査」（2011年7月〜8月、564校、公表は2012年4月）
※平成24年度分における「学校給食費の徴収状況に関する調査」も平成25年7月〜8月に583校を対象に行われ、平成26年1月に公表されている。

学校給食費公会計化の意味内容

学校給食法は学校給食費に関して詳細には規定していないので、基本的な制度に係わることがらも行政実例に依拠している。学校給食費の扱いについては以下のようなものがよく知られている。①「保護者の負担する学校給食費を歳入とする必要はないと解する」（昭和32年12月18日付け委管第77号文部省管理局長から福岡県教委教育長宛て回

答)、②「学校給食費は、保護者に公法上の負担義務を課したものではなく、その性格は学校教育に必要な教科書代（※引用者注：義務教育教科書の無償給与が始まるのは昭和38年度から）と同様なものであるので、学校給食費を地方公共団体の収入として取り扱う必要はないと解する」（昭和33年4月9日付け委管第77号文部省管理局長から北海道教委教育長宛て回答）、③「（※引用者注：共同調理場を設置した場合の学校給食費は）公の施設の利用につき徴収する使用料ではない」「学校給食費を市町村予算に計上し、処理されることはさしつかえない」（昭和39年7月16日付け委体第34号文部省体育局長から北海道教委教育長宛て回答）、④「学校給食費の経理については、特別会計を設置することもできるものと解する」（昭和42年12月26日付け委体第10の2号文部省体育局長から福岡県教委教育長宛て回答）。すなわち、公会計にするか私会計にするか、公会計の場合は一般会計か特別会計かといった点は、すべて自治体の判断にゆだねられている。

　ところで、ここでいう公会計という用語に確たる定義があるわけではなく、具体的な運用も自治体によってさまざまでありうる。簡単に表現しようとするならば、保護者が納入する学校給食費を学校長または学校給食センター所長限りで管理執行するのではなく、地方税や公営住宅の家賃と同じように、当該自治体の歳入として収納するものを指す。また、法律に規定する学校給食費とは、学校給食の運営に要する経費のうち市町村の負担とされる人件費（県費負担教職員の人件費を除く）と施設および設備の修繕費以外の経費（基本的には材料費や調理・喫食に必要な消耗品や光熱水費となるが、通常は材料費に限定することが多い）を賄うためのものであるから当然に同年度での歳出も伴うので、歳出予算にも計上される。その他の要素をどのように制度化するかは次にみるように自治体の実情によって異なる。

政令指定都市の公会計化

　表17は、政令指定都市のうち現時点で学校給食費を公会計で処理

第❸章 学校財務の政策的課題

表17 学校給食費を公会計処理している政令指定都市

都市名	会計区分	歳入予算科目
仙台市	一般会計	(款)「諸収入」―(項)「学校給食センター収入」 （※センター方式の学校分のみ）
千葉市	特別会計 (学校給食センター事業特別会計)	(款)「給食事業収入」―(項)「事業収入」―(目)「事業収入」
横浜市	一般会計	(款)「分担金及び負担金」―(項)「負担金」―(目)「教育費負担金」―(節)「学校給食費負担金」 （※小学校のみ）
浜松市	一般会計	(款)「諸収入」―(項)「雑入」―(目)「教育費雑入」―(節)「学校給食費保護者等負担金」 （※センター方式の学校分のみ）
大阪市	一般会計 (第一部)	(款)「諸収入」―(項)「学校給食事業収入」
福岡市	一般会計	(款)「分担金及び負担金」―(項)「負担金」―(目)「教育費負担金」―(節)「学校給食費負担金」

している6都市について学校給食費を収入する会計区分と、その予算科目名（学校給食費であることがわかる区分の予算科目まで）をまとめたものである。千葉市だけが特別会計になっており、他は一般会計である。一般会計としている都市のうち「諸収入」の款で収入しているのが仙台、浜松、大阪であり、横浜と福岡は「分担金及び負担金」の款の「負担金」の項で収入している。厳密にいえば、地方自治法でいう分担金（地方自治法第224条）や使用料（同法第225条）等に関する事項（具体的には納入義務者、金額、徴収の時期、方法等）は条例で定めなければならないとされている（例えば公の施設の使用料とされる公立高校の授業料金額は条例事項である）。前記行政実例の③によれば学校給食費が使用料ではないとされるものの、分担金であるかどうかは実ははっきりしない。

6都市のうち条例に給食費の額を規定するのは横浜市だけである（「学校給食費の管理に関する条例」）。条例で年額の上限を定め具体的な額は「同条例施行規則」に委任している。なお、同市では納付期限を4月を除いた毎月末日とし、「各納付期限における納付額については、市長が定める」（同施行規則第5条第2項）としているから、

具体的には横浜市学校給食費徴収額決定通知書で示されることになるが、11か月で均等割にしている。福岡市（福岡市学校給食費条例施行規則）は月額を、大阪市（大阪市学校給食費の管理に関する規則）は日額を定めるなど、この面でも多様になっている。

　さて、政令指定都市の中で福岡市が最も早く学校給食費を公会計化し（2009（平成21）年9月）、横浜市（2012（平成24）年度）と大阪市（2014（平成26）年度）が続くといわれている。ただし、政令指定都市の中には、同一市内の学校の給食費であっても公会計になる地域と私会計になる地域とが混在している例がある。すなわち仙台市、千葉市および浜松市は、いずれもセンター方式による学校分の学校給食費を公会計とし、自校方式の学校は私会計としている。浜松市と仙台市の場合は、かつて実施された市町村合併の際に旧自治体における給食費の扱いをそのまま継続したことによる。千葉市の場合は、1967（昭和42）年に中学校の給食を開始した際にセンター方式を採用し、学校給食センター事業特別会計の中で給食費を収納するようになったもので、つまり中学校分だけが公会計となる。

　これらの3都市ではいずれも、公会計となる学校の保護者も私会計になる学校と同様に、その給食費は学校指定の金融機関に口座振替・振込をしており、それを学校長がとりまとめて市の公金収納口座に払い込んでいる。つまり、公会計扱いになる学校の保護者には学校長名による請求書または納入依頼があるだけで、滞納でもしない限り市長名による納入通知書が来たり、市の口座宛に振替・振込をしたりしているわけではないから、自分の納めた給食費が公金として扱われているという認識はもちにくいであろう。この点、福岡、横浜、大阪の各市からイメージする公会計方式とはやや異なる。

　いずれにしても給食費の公会計化は、金融機関の選択肢が増えることや振替手数料を市の負担にできるということはあるにしても保護者にとってのメリットがわかりにくく、公会計化の意義をどのようにアピールするか、学校レベルの工夫があってよいように思われる。

[注]

1 野中俊彦、中村睦男、髙橋和之、高見勝利『憲法Ⅰ（第5版）』有斐閣、2012年、519－520頁
2 U.S. Census Bureau, *The 2012 Census of Government, Public Elementary – Secondary Education Finances Data: All Data Items*.（http://www.census.gov/govs/school/）
3 Manzi, N., and Larson, L., "The K-12 Education Deduction and Credit: An Overview", *House Research*, January 2014, The Research Department of the Minnesota House of Representatives.
4 Agile Education Marketing, Agile News, "Teacher out-of-pocket spending has risen to $513", July 30 2014.（http://www.agile-ed.com/resources/news/15-teacher-out-of-pocket-spending-has-risen-to-513）
5 2002年分の申告以降2014年分まで継続している。なお、このような枠組みは一般に租税優遇措置（tax breaks）といわれるもので学校の教員だけに限ったものではない（参照：Department of Treasury, Internal Revenue Service, *Publication 529: Miscellaneous Deductions, For Use in Preparing for 2014 Returns*, December 29, 2014.）。なお、この教育関係者所得控除（educators expense deduction）を含む租税優遇措置は2014年1月で効力を失っており、2014年分の連邦所得税には適用されない可能性もあったが、2014年12月17日に2014年分の所得控除に限って継続することを内容とする税制改正法が成立した（*New York Times*, "In Final 2014 Push, Congress Renews Tax Breaks", December 17, 2014（http://www.nytimes.com/aponline/2014/12/17/us/politics/ap-us-congress-tax-deadlines.html?_r=0））。ただしこれも今のままでは2015年12月31日で失効するので、2015年分（あるいはそれ以降）の所得控除を継続させるためには再度議会で法律改正をする必要がある。
6 McDonnell, L. M., and Elmore, R. F., "Getting the Job Done: Alternative Policy Instruments", *Educational Evaluation and Policy Analysis*, 9（2）, 1987.
7 Stone, D., *Policy Paradox: The Art of Political Decision Making (3rd ed.)*. W. W. Norton & Company, 2012, pp.311-330.
8 Sabatier, P. A., & Weible, C. M., *Theories of the Policy Process (3rd ed.)*, Westview Press, 2014.
9 Hoff, D. L., and Mitchell, S. N., "Pay-to-Play: Fair or Foul?", *Phi Delta Kappan*, 88（3）, 2006, pp.230-234.
10 川義郎「学校給食費を学校の私会計とすることの適法性と問題点」『判例地方自治』384号、88頁、および川義郎「学校給食費を学校の私会計とすることの適法性と、教員が徴収を命じられた際の問題点」『学校事務』2014年9月号、52－57頁、参照。
11 例えば米子市は保護者に対して、給食費の納付を約束する「学校給食申込書」を2012（平成24）年度から提出してもらう申込制を導入しようとしたが、断念したという経緯がある（「米子市、給食申込制を断念…鳥取」『読売新聞』2012年1月18日）。
12 参照：「給食費支払いに連帯保証人＝宇都宮市」『iJAMP』時事通信社、2007年4月24日。

公立学校財務の制度・政策と実務

第 部

実務 編

実務編 ‖ 第❶章第1節

財務委員会を生かした予算要求
──特色ある学校づくりに向けて

小式澤絹江（こしきざわ・きぬえ）
新潟県三条市立第二中学校

はじめに

　「財務委員会（予算委員会）で予算編成の話し合いをしたいけれど、方法がわからない」という若い事務職員の声をよく聞きます。

　「学校のお金」を把握し、執行管理する事務職員が中心になって財務委員会を運営することで、より効果的な財務管理が可能になります。そして、さらに円滑な学校経営、充実した教育活動が実現できます。そんな財務委員会運営の実践を、予算要求を例にご紹介します。

　その前に、少し自己紹介を。私は事務職員になって20年あまり。今の勤務校を含めて、小学校を4校、中学校は2校経験してきました。現在勤務している三条市では、平成25年度から小中一貫教育を本格実施しています。勤務校の第二中学校は小学校と一体型の校舎です。小学校にも事務職員が勤務しており、連携しながら仕事をしています。

　また、財務委員会については、「三条市立小・中学校　学校預り金及び関係団体預り金取扱要領」で設置することが定められているため、すべての小・中学校に財務委員会が設置されています。

予算編成時期の財務委員会

（1）三条市の予算配当

　三条市は毎年10月に各学校が予算要求を行います。学校管理費、教育活動費などの各事業費の配当予算要求書、特色ある教育活動実施計画書、単価10万円以上の備品購入要望書、学校施設設備の営繕要望書

を提出します。

　要望書の作成のために、教職員から必要物品などの要望調査を行い出された要望について、優先順位をつけながらまとめます。その際、学校経営方針に基づき、地域の状況を踏まえ、総合的に検討します。

　配当予算は事業費ごとに総額が示され、提示額内で費目ごとに必要額を学校で振り分けます。予算要求書の作成には、過去の執行実績や、過去3～5年分の光熱水費、電話料、コピー使用料などの実績データが重要な要求の根拠資料になります。そして、市教育委員会（以下「市教委」）から示される条件に合わせて、各費目の配当額を決めていきます。

(2) 財務委員会で深まる要望内容

　要望書の案は、財務委員会で協議します。当校は、運営委員会と財務委員会が同じメンバー（校長・教頭・各学年主任・生徒指導主事・事務職員）で組織されており、週1回行われる運営委員会の中で、必要に応じて財務に関する内容を協議しています。

　昨年度行った予算要望に関する財務委員会では、要望調査の結果を中心に、次年度の教育活動で重点を置くことは何か、そのために必要な物品はどれかを検討しました。

　当校は体育館改築のため、現在、体育館がありません。新体育館の完成は2015年秋の予定です。そのため、保健体育の授業など、グラウンドでの活動が充実するように物品購入や施設整備を行うことにしました。他にも、各教科の教材の充実、老朽化する施設の修繕などについて協議しました。そして、財務委員会後、校長・教頭と要求書等の最終調整を行い、提出しました。

(3) 予算要望ヒアリングに向けて

　予算要求書等を提出後、市教委とのヒアリングが行われます。このヒアリングには、教頭と事務職員の出席が求められています。ここでは要望書等には書けなかった学校の課題や希望を伝えることができる、とても大切な場になっています。各学校ではこのヒアリングまで

に、特に強い要望事項、説明が必要な要望事項などについて管理職と検討します。これも財務委員会の一環ととらえています。

共同実施を活用した「小中連携の財務委員会」へ

（1）共同実施との関わり

　新潟県では学校事務の共同実施が行われています。

　三条市は、中学校区ごとに5つのグループに分けた地域事務室と、総務・情報・学事・財務の4つの学校事務改善室を組織し、事務職員は両方に所属して活動しています。

　私は学校事務改善室では財務改善室に所属し、学校財務業務の標準化、効率化などに取り組んでいます。財務委員会の運営についても、年間の運営に関する資料を提供しています。

　また、地域事務室内の学校では共通する教育環境整備などの要望を行っています。その資料作成にも生かせるように、同じ様式で校内の要望調査を行い、その内容について共有しています。この情報共有によって、一つの学校の要望としてだけでなく中学校区など地域単位の要望につなげています。

（2）小中合同の予算要求

　当校は、前述のとおり、一体型の小中一貫教育を実施しています。校舎は小学校と中学校が廊下でつながっています。乗り入れ授業や交流活動など、合同の教育活動が盛んに行われています。夏は、小学校棟にあるプールを共有して水泳授業を行っています。他にも、施設を共有する機会が増えています。また、職員室は小・中別室ですが、教職員は頻繁に行き来し、連絡調整しています。

　予算面では、光熱水費を中学校で一括管理し、その他の費目は各校で管理・執行しています。市内初の一体校のため、予算執行や施設管理など、当初は戸惑うことがたくさんありました。

　昨年度の予算要望では、小学校の事務職員と情報交換しながら要望書の作成を進め、市教委とのヒアリングは、一体校として合同で行い

ました。ヒアリング前には小・中学校の教頭と事務職員で打ち合わせを行いました。一体校としての要望や、それぞれの状況に応じた要望等を話し合うことで、お互いの理解がさらに深まる打ち合わせになりました。ヒアリングでは、一体型校舎で小学校と中学校の両方の教育環境を充実させていくために必要なことを、両方の立場から市教委に伝えることができました。これまでの三条市になかった一体校としての教育環境の現状と課題を教育委員会に知ってもらうことができ、いくつかの要望はすぐに実現しました。

（3）地域とともにつくる学校の財務委員会へ

　当校は今後、「地域の小中一体校」としての役割が一層求められていきます。その役割を果たすために、校内での財務委員会の充実と同時に、一体校として合同の財務委員会設置が今後必要になると考えます。昨年行った両校の打ち合わせがその第一歩でした。将来的には各校内と合同財務委員会に保護者や地域の人が加わり、もっとオープンに「学校のお金」について話し合う場にしていきたいと思います。

まずは気軽に話し合える場を

　財務委員会は、学校財務の視点から教育目標の達成やよりよい学校経営・教育活動について話し合える場です。事務職員がもつ財務に関する知識や情報を強みに、管理職や教職員と話し合うことで、限られた財源を効果的に執行・管理することができます。財務委員会の運営を堅苦しく考える必要はありません。「予算要望書を作成した。これまでは起案書で決裁をもらうだけだったけれど、今年は財務委員会を開いて意見をもらおう。そして、学校経営や教育活動がもっと充実するような要望書にして提出しよう」。そう思って、財務委員会を行う一歩が大切です。

　財務委員会では構えずに話し合い、その協議内容を教職員に伝え、事務職員から積極的に動くことで、よりよい学校づくりにつながっていくのではないでしょうか。

資料　　　　　　　　　　　　　平成〇年度財務委員会開催計画(例)

↓各校の状況に合わせて計画しましょう　　　　　　　　　　↓開催時、協議内容等のポイントです

開催予定日(例)	協議内容(例)	参加予定者(例)	留意事項
4月3週目	校内予算について ①前年度の評価、反省を受け学校運営に係る総予算(市予算、PTA予算、教材費、部活動費等)を示し、その年度の予算運営方針を協議・決定する。 ◎学校預り金に関すること ・公費・私費の区別に関する確認 ・教材費年間計画、預り額確認・決定 ◎市配当予算に関すること ・校内配当計画 ・修繕計画 ・備品購入計画 (市配当予算については5月に検討も可) ②会計執行手順〈流れ〉の確認 ・発注者、支払い者、出納簿記帳者、支出命令者等 会計担当者打ち合わせ　(財務委員会ではないが) ・会計執行の流れや帳簿記入の方法などを確認 未納状況、未納者対応の検討 市予算執行状況報告	財務委員会メンバー 各学年主任等 事務職員・会計処理担当者 ←随時協議・検討(各校の実態に合わせて行う) ←定期的に報告(あらかじめ報告時期を決めておくとよい)	(第1回のねらい) ①校長が予算運営方針を決定、判断するための材料の提示と協議 ☆部活動費・保護者と顧問任されているところが多いと思うが、現状を把握しておくことは大切 ☆教材選定の理由が昨年度もそうだったからなどということはない。使い切らないで終わった問題集はないか。等の注意事項を伝える ☆教材費・他の学年の計画を目にする機会は少ないと思うがこのような場で情報を共有できる ②会計執行手順〈流れ〉の確認
5月1週目	未納状況、未納者対応の検討、市予算執行状況報告	財務委員会メンバー	
6月2週目	次年度の修学旅行について ・行き先　・経費　・時期を検討　この内容で数社より見積をとる 未納状況、未納者対応の検討、市予算執行状況報告	財務委員会メンバー 5学年主任	
7月3週目	各予算執行状況報告 未納状況、未納者対応の検討、市予算執行状況報告 修学旅行について ・見積をもとに次年度業者決定	財務委員会メンバー 5学年主任	
8月中	財務研修(可能であれば)	全職員	
9月4週目	未納状況、未納者対応の検討、市予算執行状況報告	財務委員会メンバー	
10月3週目	次年度予算要望書検討 未納状況、未納者対応の検討、市予算執行状況報告	財務委員会メンバー	
11月4週目	未納状況、未納者対応の検討、市予算執行状況報告	財務委員会メンバー	
12月3週目	各予算執行状況報告 ・予算の残しに応じて年度末の執行計画を立てる 未納状況、未納者対応の検討、市予算執行状況報告	財務委員会メンバー	
1月3週目	新1年生用品について ・購入品目　・購入業者 未納状況、未納者対応の検討、市予算執行状況報告	財務委員会メンバー 1学年主任	☆全員購入・希望購入・学校予算での購入等の割り振りは保護者負担の軽減を念頭に置いて決定
2月2週目	次年度卒業記念アルバム業者選定 ・見積をもとに次年度業者決定 未納状況、未納者対応の検討、市予算執行状況報告	財務委員会メンバー 5学年主任	
3月2週目	未納状況、未納者対応の検討、市予算執行状況報告 評価・反省 新年度学年教材費決定にむけて(財務委員会ではないが) ・その年度の反省をふまえて、その年度の担当者から新年度予算案を立ててもらう	財務委員会メンバー ←各校の実態に合わせて行う	☆ここでいう評価・反省とは各会計の処理に間違いがなかったかという監査的なことでなく、学校予算として執行が適切であったかということである。たとえば費目は適切であったか、金額は妥当であったか、流れに問題はなかったか等であり、将来的には外部評価の対象にしていく方向で考えていく必要もある

◎財務委員会の年間計画を立てる際のポイント

①構成メンバー例
・校長、教頭、教務主任、事務職員としておく。
・他に必要に応じて加わってもらうということでも良いと思う。

②財務委員会を持つ時間について
・企画委員会の中や職員会議の中で行うことも可能。
・無理のないよう臨機応変に対応していくとよい。

③資料準備のコツ
・今まで起案で終わらせていたものを、協議内容にする。
・日ごろの資料を生かす。
・その都度資料を作成するのは大変なので、今ある資料を活用する。

◎総額裁量予算について(可能であれば8月に職員向けの財務研修ができると良い)
　学校財務マネジメントの取り組みの一つとして、学校運営に係る総予算(給与費等を含む)を職員に示し、職員の意識を変えていくことが大切です。
　※給与費とは・・・学校運営に直接関係ないが、人件費を認識しておくことも意味がある。

実務編 ║ 第❶章第２節
学校集金(学年集金)の取り組み

林　知世（はやし・ちよ）
三重県四日市市立楠小学校

はじめに

　四日市市の児童生徒数は約２万４千人、小学校が38校、中学校は22校あります。教職員数は非常勤講師などを含め、２千人を越えています。公費の配当については、学校基礎額＋児童・生徒数額×児童生徒数により、各学校へ配当総額が前年度に提示されます。校内では、予算委員会において次年度の予算編成の話し合いを行います。予算内容は、市職員旅費、需用費（一般、保健、給食の消耗品・灯油代・混合油代・印刷製本費・一般備品修繕料、賄材料費、飼料費、教授用消耗品・卒業記念品、教材備品の修繕料）、役務費（ピアノ調律手数料、その他手数料）、備品購入費（一般備品費、教材備品費）として、４月に配当されます。例えば、サッカーゴールのような高額な備品の購入を計画して編成すると、消耗品費を減らさなければならないということになります。その他、光熱水費の一部、燃料費、郵便料、筆耕料、特別支援学級用備品、児童生徒用図書費は別枠で配当があります。また、電話料金や電気代などの光熱水費は教育委員会が執行します。

　四日市市の共同実施は６グループで行っており、午後半日を週２日、共同実施事務室がある拠点校に事務職員が集まって仕事をしています。グループリーダー会議は毎月１回、共同実施グループの担当者ごとの担当者会が年間９回程度行われます。今年度の担当者会は、給与、財務、広報、教科書・学籍、学校集金が定例化されており、そのほかにも、就学援助、旅費、IT、監査、文書、市職員、福利厚生、人事

服務の担当も、必要に応じて担当者会が開けるようになっています。

　学校集金の取り組みと共同実施の関わりは、平成21年度、グループリーダー２名を含む検討委員会が立ち上がったあたりから本格的に進みました。学校集金担当者会では、平成23年度にこれまで各共同実施から１名であった担当者を２名に増やし、平成24年度に施行された「四日市市立小中学校集金等取扱要領」（以後、取扱要領）を補強するとともに、その定着を図るため、「手引き」と「Ｑ＆Ａ集」の作成に取り組みました。

私が赴任したときの楠小学校の状況

　私の勤務する楠小学校は、市町村合併により平成17年２月に四日市市立になった学校です。私が赴任をした平成21年４月でも、楠町の名残りが校内に残っていました。学校集金に関しても同じで、様式も楠町のものが活用されていました。当時の教頭先生から、早く四日市市立楠小学校にしたいというお話を聞き、さっそく４月の職員会議で様式変更の提案をしました。

　学校集金に関わる書類を見ていくうちに、名残りだけではない問題もみえてきました。少し挙げてみますと、「学校集金の年間予定を保護者向けに発行していない」「複数の学年に在籍している特別支援学級児童の学校集金を特別支援学級費１本で収支している」「卒業文集代が年度により、学年費から支出されていたり修学旅行積立費から支出されていたりしている」「卒業アルバムが年度により、アルバム作成業者のソフトメディアがついている」です。

楠小学校の考えを明らかに

　楠小学校での課題を解決するために、「現金集金から口座引き落としにした理由」「学年費、修学旅行等積立費、特別支援学級費の支出内容の明確化」「現金集金者や未集金者への対応」「そのほか校内の集金に関する考え」等をわかりやすくしようと考え、平成22年度に「集

金の基本的な考え方（楠小版）」（以後、楠小版）を提案しました。

　また、修学旅行、卒業アルバム・クラス写真など、楠小学校はどのような内容のものを業者と契約するのか、予算委員会で提案をしました。進め方については、取扱要領をもとに行いました。まず、卒業アルバムにDVDなどのソフトメディアを契約するかについて、予算委員会で検討することから始めました。結果として、利用しないこととしました。理由は、大きく２点あります。「活用できる家庭とできない家庭がある」「個々で複写利用されることが想定される」です。以前は、楠小版に「ソフトメディアを契約に含めない」の一文がありましたが、現在は卒業アルバム・クラス写真の仕様書に記してあります。

　次に、修学旅行については、５年生の担任から児童の実態を考慮し、今年度の反省も踏まえながら仕様書を作成してもらい、予算委員会で話し合います。例えば、平成25年度の修学旅行は、ある旅行業者から企画提案された添乗員２名同行が決定理由の一つになりました。このことが児童の対応に関わって良かったと報告があったため、平成26年度の修学旅行仕様書にはこの条件を盛り込みました。その後、旅行業者から提出された修学旅行提案書および見積書を基に、予算委員会を行います。会を始めるに当たり、校内の共通認識事項「金額だけでなく、旅館の利用の便、食事の対応について、借り上げバスについて、旅行業者の対応についてなど総合的に判断をする」について確認をします。比較検討の結果、予算委員会で旅行業者を決定します。決定業者には、選定理由になったところが対応できるか確認し、決定の通知をします。校内では、議事録を残しておき、内容が確認できるようにしておきます。またこのことは、職員会議でも提案し、職員全員で共通理解が図られるようにしています。

　楠小版の作成や修学旅行取扱業者選定の取り組みによって、職員に「集金は目的があって行っている」こと、目的が定まれば学校集金計画が立てられることを理解してもらえればと思います。また、校内の決まりを文書化することにより、学校集金について保護者に説明でき

ると考えています。

各学年会計担当者に向けて

　各学年の会計担当者は予算委員ではありませんので、「日々の作業について理解したい」「会計の作業を効率化させたい」と望んでいます。そこで、各会計担当向け文書を作成しました。会計簿に綴ることでいつでも見られるようにし、様式はパソコンで活用できるようにしました。加えて、年度始めの学校集金が始まる前に、会計担当者会を開くようにしました。これまでそれぞれで作成していた会計報告も、学校で指定した様式を使うことで、保護者へ統一した情報提供ができるようになりました。

　ほかにも、年度始めには、各学年で1年間の教材等購入計画と学校集金計画を立て、予算委員会で決定をします。保護者には、1年間の学校集金計画とともに、教材等購入計画も配付します。購入計画を変更するときは、取扱要領に沿って、会計担当者が文書起案し、予算委員に回議します。購入計画の変更に対する対応は2年目を迎えますが、年度当初から1年間を見通して計画しなければならないことを、今まで以上に職員が意識していると感じています。

これから

　この取り組みにより、職員は「教材の選定は学校集金と直結している」と考えられるようになります。教科指導に強く関わっていると理解し、単に学校集金が集まらないから困るというのではなく、指導が成立しないから困るという声が出るようになればいいな、と考えます。さらに、校内で保護者負担軽減についての話ができるようになればもっといいなと考えます。学校集金は、事務職員が保護者と関わることのできる大切な仕事だと感じています。「子どもの学びのために、教材を利用したいのです。そのために協力をお願いします」と言えるようこれからも取り組みたいと思います。

学校集金の基本的な考え方
1．目的
　楠小学校における学校集金の適正な会計処理をするため、「四日市市立小中学校集金等事務取扱要領」に従って行う。

　集金は、現金取扱のトラブルや煩雑な作業を防ぐため、三重県教育文化会館（以下、教文）を介して金融機関口座引落しにより集金を行う。口座引き落しにした意味を考え、現金集金は出来るだけ避ける。

2．集金項目
　学校集金については、下記の項目について行う。

①給食費…給食協会の規定による金額。

②学年費…単年度で収支を行う。

　　　　健康センター掛金、観劇費、該当学年で使用する教材（主に児童個人へ戻るもの）、該当学年の実習費、遠足・社会見学費・自然教室

　　　　特別支援学級在籍者については、学年費と同額を集金する。

③くすっこ学級費…単年度で収支を行う。

　　　　特別支援学級在籍者から集金し、クラスの活動費で使用する。

④旅行積立費…5年、6年の2ヵ年で集金を行う。

　　　　修学旅行、卒業アルバム関係（アルバム・文集）費用。

⑤ＰＴＡ会費…ＰＴＡ活動費。（次子はＰＴＡ会費を徴収しない。）

3．集金計画
①4・8・3月を除く9ヶ月で集金をする。（4月はシステム上引落し不可能）学年費は9ヶ月で集金できるようにする。集金をしない月の給食費・ＰＴＡ会費は下のように行う。

	4月分	8月分	3月分
給食費	5月集金時	9月集金時	2月集金時
ＰＴＡ会費			

②集金は購入計画を立て、目的外使用はしてはいけない。また、購入・利用・活動したものに関しては、未集金があってはならない。購入し

ない・利用しない・活動に参加しなかった等の場合は返金し、保護者から領収書を受け取る。

③集金の余剰〈不足〉が見込まれるときには、校内で承認を得た後、年度途中で引落し額を調整する。その場合、必ず保護者に文書でお知らせをすること。

④集金に関する保護者宛文書を４月に配付する。学年通信では、補足連絡を行う。

⑤学年費〈特別支援学級費〉通帳は「楠小学校　○学年会計〈くすっ子学級会計〉校長○○○○」名義で活用する。年度末には０円にする。修学旅行積立通帳は「楠小学校　旅行積立　校長○○○○」と名義が同じで、口座番号は違う通帳が２冊ある。５年時に集金を始め、６年終了時に０円にする。２年間同じ通帳を利用する。

4．集金の流れ

①口座登録がしてあり、かつ引落しできた分については、各通帳に直接入る。但し、旅行積立費は一旦学年通帳に入るので、学校集金担当（事務補助員 以下、事務補）が振り替える。

②引落し不可者については、月間手数料が不要なので２０円は集金しない。ただし、年間手数料６０円は、一旦ＰＴＡ会費で補填。手続は、７月の集金額に含めて集金し、ＰＴＡ会費通帳に入金する。

③引落し不可者を含む現金集金者は、振込日に合わせて事務補が集金封筒を準備するので、担任が該当者に配る。集金を受け取ったときは、担任が領収書を発行し、現金と領収書の写しを学年会計または、事務補に提出する。現金集金は、事務補が入金する。前月以前の保護者への未集金連絡は各学年で行う。

5．未集金者への対応

①未集金者への対応は担当学年教員全体で行うが、管理職へも相談し、情報を共有する。数ヶ月にわたる未集金者については、文書通知・家庭訪問・懇談などを行う。場合によっては、管理職と相談し、対応をすすめる。

実務編 ║ 第❷章第1節

執行管理
――予算編成と絡めながら

大谷亮介（おおたに・りょうすけ）
群馬県前橋市立滝窪小学校　事務長代理

執行管理はなぜ必要か

（1）学校運営に速度感を与えるために

　執行管理は、配当された予算を計画的に執行していく中でどの事業がどのくらい進捗し、どのくらい残額があるかを適宜確認しておく作業のことです。

　また、年度末までにその残額からどのくらい執行が見込まれるか予測しておくことも作業に含まれます。こうして「いつでも動かせるお金がどのくらいあるか」を把握しておくことが、学校運営に速度感を与えるのです。

　先生方から「休み時間に児童の動きを見ていたら、実は一輪車が取り合いになっていた」とか、「安全点検をしていたら、実はいすの背板が思った以上に劣化していた」とかという新たな気づきが出て、それらが小委員会や職員会議で話題となり、改善策を模索し始めるときには必ず「予算はあるか」ということになります。その時に、現在の執行状況と今後の見通しを踏まえた執行可能な予算残額を迅速に提供できれば、一輪車であれば何台購入できるか、購入できない場合は学年ごとに使用を輪番制にするか、背板であればどのくらい交換できるかなど、選択肢と意思決定の視界をクリアにすることができます。新たな課題解決に対して予算面からどのようなサポートが可能か先生方へ伝え、ともによりよい学校運営を目指せる点が執行管理の醍醐味であると思います。

（２）執行管理を予算編成へ結びつけるために

　また、毎年度執行管理を続けることで、複数年度の決算結果が比較できるようになり、自分の学校では絶対に必要な額（以下、経常経費とします）がどのくらいで、新たな取り組みや教材のさらなる充実に向けられる額（以下、政策的経費とします）がどのくらいなのかが見えてきます。特に学校予算においては、一見政策的経費とみなされがちな教科消耗品費のうちにも、毎年度必ず必要になる額とそうではない額が混在しています。日々の執行状況を詳細に記録していくことで、その境界線を見極めることもできます。

　こうして執行管理を通じて「学校の経常経費と政策的経費のバランスを明らかにしておく」ことが、予算編成を考えるうえで生きてきます。予算総額のうちどのくらいを政策的経費として活用できるかが明らかだからこそ、先生方の希望に対して政策的経費の範囲内で収めるために優先順位をつけるべきなのか、あるいは学校全体で共通理解を図り、経常経費を節減してでも政策的経費を増すべきなのかといった議論が可能になります。予算委員会や職員会議での協議において執行管理に基づいた適切な情報提供は、学校運営を予算面から改善していくきっかけになるでしょう。

執行管理の具体的な方法

（１）内訳づけ

　ここからは、執行管理の具体的な方法について考えてみます。市町村の財務会計システムで執行管理できる場合もありますが、ここではエクセル等による予算差引簿や執行管理簿を利用した執行管理について触れていきます。

　差引簿などを利用した執行管理のコツは、１行に１教科ずつ丁寧に記録していくことです。同一業者から同時に複数の教科の物品を購入し、それらをまとめて１回の支出負担行為書等で起票処理したとしても、差引簿等ではそれらを教科ごとに仕分けて記録しておきます。そ

して仕分けて記録したものに内訳をつけていきます。

　具体的な内訳名については、印刷機インク・マスターを購入したときは例えば「印刷用品」とか、あるいはこれらは学校全体で共通に使用するものなので「共通」とかはどうでしょう。清掃用品を購入したときは「清掃用品」でも、管理上欠くことのできない物品ととらえて「管理」としてもいいでしょう。教科消耗品は「理科」や「体育」など教科ごとで、または毎年度必ず必要になる物品を「経常」、単年度だけ必要になった物品を「政策」としてもいいかもしれません。

（2）内訳づけによる可視化

　正しい内訳の仕方があるわけではありませんが、単純な差引簿等であっても内訳をつけ続けていると、毎年度必ず必要になる物品とそうではない物品が浮かび上がってくることに気づくと思います。個人的な経験でいうと、校庭に引くスポーツ石灰と理科の気体検知管は毎年度必ず必要になる物品でありながら、「在庫がなくなったら買う、年間どのくらい数量と経費がかかっているか見えづらい」物品の代表格でした。それでいてそれなりに経費がかさむものだったので気にはかけていたのですが、内訳をつけて全体に占める割合が見えるようになってからは、余計な気を揉むことなく執行管理できるようになりました。この「見える化」機能が内訳をつける最大の効果だと考えます。この作業を通じて「学校の経常経費と政策的経費のバランスが明らかになる」のです。

（3）人事異動と執行管理

　学校運営の継続性を念頭に置き、差引簿等に備考欄を設けて業者名を記録しておくと、他市町村から転任してきた事務職員にとって、登録業者や購入業者が容易にわかり、重宝されると思います。

　また異動した際には、自分の慣れ親しんだ方法を導入するのではなく、最初は前任者の差引簿等を上書き保存しながら使っていくのも手です。市町村によって、また校種や学校規模によっても予算規模や各費目への配当比率は大きく異なります。前任者の差引簿等に上書き保

各費目の差引簿

理科	星座早見盤20個	27,720	1,135,105
共通	ラミネートフィルムA4・100枚、A3・100枚	3,570	1,131,535
理科	カバーグラスPL100・1セット	860	1,130,675
保健	カラー指示棒1本	750	1,129,925
コピー用紙	コピー用紙A4 5箱、B4 4箱、通知票用高白色用紙1箱	28,096	1,101,829
図書	図書カード用最厚紙B5・200枚	1,760	1,100,069
音楽	楽譜／マル・マル・モリモリ1冊	3,675	1,096,394
	音楽鑑賞DVD	0	1,096,394
体育	ピットナル2本	4,360	1,092,034
コピー用紙	コピー用紙B4・1箱	2,284	1,089,750
インク・マスター	マスター2本・インク2本	19,110	1,070,640
図書	LANケーブル10m1本	1,210	1,069,430
音楽	マーチングマレット1組	7,140	1,062,290
図書	図書館用インクカートリッジ1個	4,980	1,057,310
家庭	スポンジ25個	399	1,056,911
情報	アルカリ乾電池単2・10個	1,126	1,055,785
	吹奏楽関係消耗品→12/3不要と判断	0	1,055,785
音楽	楽譜用クリアホルダー7冊	2,968	1,052,817
特別支援	特別支援教育用紙フォルダー20枚	1,056	1,051,761
石灰	ガイヤフィールドライン10袋	9,030	1,042,731
カラープリンタ	GX7000用リサイクルインクカートリッジ4色	12,750	1,029,981
音楽	吹奏楽関係消耗品	4,250	1,025,731
図書	バーコードシールカバー1箱	4,426	1,021,305
理科	気体検知管・酸素5箱	12,075	1,009,230
情報	CDラジカセRX-D45・1台	12,500	996,730
家庭	ミシン糸(カタン糸#50)白黒各15個	15,750	980,980
家庭	ボビン20個、ミシン針20本、しつけ糸2束	2,730	978,250

全費目の執行額集計表

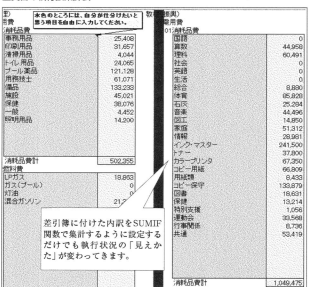

差引簿に付けた内訳をSUMIF関数で集計するように設定するだけでも執行状況の「見えかた」が変わってきます。

存しながら使っていくと、たぶん最初の半年くらいでその学校がもっている物品購入のタイミング（予算執行のリズムといってもいいでしょうか）をつかめると思います。

（4）執行管理と在庫管理

　執行管理において、特にコピー用紙や印刷機インク・マスター、各種プリンタのトナーなど学校運営上欠かせない物品については、執行状況を把握しておくだけではなく在庫管理とも連動させておくとよいです。特に年度末の予算残額も少なくなり、絶対に必要な物品も厳選しなければならない時期に、例えば用紙ならば1か月当たり何箱、インク・マスター類ならば1か月当たり何本使っているのか「数」を把握しているほうが、1か月当たり平均いくら購入しているのか「金額」で把握しているよりも、予算残額の見通しを立てやすいからです。

（5）執行管理とコミュニケーション

　計画的に予算執行を進めるうえで、先生方とのコミュニケーションは不可欠です。執行管理の観点からよい予算執行を引き出すポイントとしては、先生方から希望が挙がったときに「いつまでに最大どれだけ必要か」を確認することです。執行管理にとって厄介なのは「後から追加されること」なので、最大数の確認は特に重要です。

執行管理から予算編成へ

　差引簿等を利用した執行管理の発展的な活用として、差引簿等を予算執行計画表に見立てることも可能です。例えば事前に決定した購入予定物品については、定価でいいのであらかじめ差引簿等に入力しておけば、執行可能な予算残額がより明確になります。また11・12月になったら在庫管理と連動させて年度末までに必要な物品数を洗い出し、積算した予定金額をあらかじめ差引簿等に入力しておくのも手です。実際に物品を購入したら、通常どおり差引簿等に記録すると同時に、あらかじめ入力しておいた予定金額からその分を減らしていけば

いいわけです。執行管理は短期的・暫定的には予算執行計画表としても機能しうるのです。
　このように執行管理を通じて学校予算には経常経費と政策的経費があり、丁寧な執行管理によって経常経費と政策的経費のバランスが明らかになることを実感できれば、予算編成という作業もイメージしやすいのではないかと思います。予算編成は経常経費と政策的経費を組み合わせていく作業だからです。
　絶対に必要な額のうち、事務用品や清掃用品といった管理消耗品費、用紙やインク・マスター類などは事務職員が把握しやすいものですが、差引簿等を利用した執行管理に内訳をつけて「見える化」することで、例えばスポーツ石灰のような、先生方にとって当たり前すぎて予算編成で希望を挙げてもらったとき表に出てこないかもしれないところまで配慮できるようになります。
　執行管理は地味な作業ですが、日々積み重ねていくことで、短期的には明日の学校運営を加速させ、中長期的には学校運営の過去と未来を丁寧につないでいくツールとなります。適正な執行管理が当たり前になり、それに基づいたよりよい学校運営への関与ができる事務職員でありたいと思うところです。

実務編｜第❷章第2節
学校の総合力を高めるための予算執行管理

三浦温徳（みうら・あつのり）
山口県下関市立川中中学校

下関市における予算の実態

　下関市内の各学校への予算配当については、学級数、児童・生徒数、教職員数等に応じて市教育委員会が予算配当を行います。毎年、各学校からは「予算に関する調査」により次年度の要望を行いますが、残念ながらその要望が次年度の予算に反映されることはほとんどありません。また、学校環境整備に係る予算配当はなく、ガラスの修繕を除く突発的な学校環境整備に関するものは、その都度、教育委員会に連絡し、対応してもらうことになっています。

　各学校の予算配当については、毎年少しずつ予算が減額されるとともに、年度当初は予算の執行制限がかかり、予算執行計画に大変苦慮している状況です。この執行制限は、年によって60％～75％の割合になるなど多少の変動もありますが、例えば、本来なら消耗品費が年間30万円配当されていても、年度当初は75％までの執行しかできない、つまり22万5千円の予算で執行計画を立てることになっています。しかも、本来の予算配当額になる保障はなく、最終的には90％になったりすることもあります。さらに90％や100％などの最終的な配当額になる時期も11月頃になるなど、予算執行計画はもちろんのこと学校運営にも支障をきたす学校現場も少なくありません。詳細は調べてはいませんが、執行制限については、下関市の税収が不安定であるという理由から、教育関係部局だけでなく市長部局全体で行われていると聞いています。

なお、各学校の予算については、各費目間の組み換え（流用）はできないので、校内での工夫も限界があります。
　年々厳しくなっている予算配当に加え、執行制限もかかるダブルパンチの状況の中で、より一層の計画的かつ効果的な予算執行計画を立てることが必要になってきます。

年度当初における校内での啓発

　そのような予算配当の実態の中、予算執行計画に当たっては、優先順位をどのようにしていくかということはもちろんのこと、校内の全教職員に理解を得ながら進めていくことも必要になってきます。また、教員とはいえ、自分の勤務する学校の予算がどのようになっているのか知っておく必要もあると私は考えています。したがって、「予算が今年も厳しい状態です」と言うだけでは、説得力に欠け、理解も得られにくいため、学校に配当された「当年度の予算額」「前年度予算額」「前年比」「執行制限時の予算額」「予算費目についての簡単な説明」などを一覧にした資料を作成し、職員会議等で説明を行います。
　私が意識しているのは、職員会議の限られた時間の中で説明などをしなければなりませんので、伝えたいことはどの部分かポイントを絞ることです。年度当初の説明では、「昨年度に比べてどのような予算配当になっているかということ」「執行制限がかかっているために厳しい予算の状況であること」を理解してもらうことに重点をおいています。
　また、この市の予算のほかに事務職員が取り扱っているすべての会計について公表し、学校内にどのような「お金」があるのか理解してもらうようにしています。県費の会計（給与や旅費等）から就学援助費に関する会計、保護者からの徴収金にいたるまですべての会計について一覧にし、簡単な説明を記載したものを配付します。学校内の「お金」の状況を理解してもらったうえで、各教科や分掌から購入希望等を出してもらい、年間の執行計画を立てていきます。

中間報告による啓発

　先にも述べましたが、下関市では予算の執行制限があるため、年度途中における予算配当の状況も含め、予算の執行状況も併せて周知する必要があります。執行制限がその後どうなったのか、また、年度途中における予算の執行状況等について一覧にしたものを全教職員に配付し説明します。その際に重点的に伝えるポイントとしては、「予算残高が多い費目」「執行計画が未定の部分についての購入希望の有無」および「例年予算不足になる費目（燃料費（灯油）等）の節約についての協力依頼」について重点をおくようにしています。

　注目してもらいたい箇所には網掛けなどをし、さらに燃料費の箇所には、灯油なら具体的にあと何缶しか購入できないということを理解してもらうようにしています。

　「あと○○円しか予算がありません」と言うより、例えば、「11月から３月までで、あと灯油が40缶しか購入できない。単純に月に８缶、要するに各教室で１か月１缶分しかないので、こまめに消火するなどして協力してほしい」と具体的に示すことで、他の職員も目途がつきやすくなるのではないかと考えます。さらに、予算残高が多い費目についても、次年度当初に必要なものや、これまでの教育活動の中であったらよかったものなども併せて考えてもらい、予算を有効的に活用してもらえるよう全教職員で考える機会としてとらえることも必要だと思っています。

校内事業別予算書の作成

　学校ではさまざまな教育活動が行われていますが、そこには当然予算というものが伴ってきます。例えば、運動会を実施する際、運動会にかかる経費が総額でどのくらいになるのか、さらに賞品代や各競技等それぞれかけられる予算はどのくらいで、そのお金の支出はどこからなのかといった具合です。また異動１年目の時などは、その学校の

予算状況を把握しづらい状況のため、例えば担当の先生から「今年の環境整備用の花や土はどのくらい買ってもいいの？」などと尋ねられても返答に困ることもあると思います。

その際に参考にするのが前年度の執行状況なのですが、すべての教育活動にかかる経費が公費（市費）でまかなわれているとは限りません。また、たとえ公費から支出されていても、それがどの教育活動におけるものなのかわかりにくい状況であることも否めないと思います。例えば、上質の色用紙にしても、運動会用なのか文化祭用なのかなどといった具合です。

もちろん購入時期等からある程度はわかるものもありますが、公費だけでなく保護者徴収金等からの支出も加われば、さらに把握しづらい状況になってくると思われます。

そこで、その当時、山口県事研の研究推進委員会が作成した資料（資料①）を基にして、校内事業別予算書（資料②）というものを作成してみました。

実際の校内事業別予算書の作成に当たっては資料①と同様に、保護

資料①
こう作る！予算執行計画

・予算の削減がすすみ、節約も限界まで達したと実感されることはありませんか？
・そんなとき、まずは、昨年度予算執行状況の把握をしてみましょう。
・校内の全会計を洗い出し、データの分析をします。
・昨年度の実績＋今年度の各教科・分掌からの要望を集約し、執行計画をたてます。

区分	品名等	要望額(実績額)	市費	後援会	生徒会
用紙	PPC用紙	92,251	93,000		
理科	実験実習費	250,338	200,000	50,000	
清掃	掃除道具	36,672	20,000	15,000	
文化祭	展示用消耗品	50,000	30,000	10,000	10,000

・予算執行方針及び予算編成について予算委員会、職員会議等で提案、審議します。
・年間に必要な予算の目安がたつため、安心して予算を執行することができます。
※学校のすべての会計について、明らかにすることで、思いつきや突発的な要望が減り、予算要望の意識が高まります。
※校内での公費、私費負担区分について共通理解をはかることができます。

第❷章第2節　学校の総合力を高めるための予算執行管理

資料②

各事業別予算配分表

大分類	小分類	詳細	予算額
教科指導関係	各教科用消耗品	各教科及び分掌からの希望による	265,000
	各教科用備品		332,000
総合的な学習関係	講師謝金	総合的な学習推進補助事業による・外部講師謝金	20,000?
	消耗品	総合的な学習推進補助事業による・パソコンプリンタインク代	10,000
児童活動関係	ホタルさよなら集会	集会活動に関わる各事業総額	5,000
	ふれあい集会		5,000
	6年生を送る会		17,000
	金管バンド	消耗品：楽譜、楽器用小物、楽器維持用消耗品等	60,000
		楽器修理	42,000
学校行事関係	入学式	花、胸章、消耗品等運営に係る費用総額	14,000
	卒業式		13,000
	運動会	運動会用消耗品、接待用お茶、まさ土等含む事業総額	84,000
	学習発表会	学習発表会関係事業総額	36,000
	鍛錬遠足	トイレ借用料、殺虫剤等	17,000
	マラソン大会	賞状、あめ代等	8,000
体育関係	水泳記録会	運営費、消耗品等は小体連が負担	?
	陸上記録会	プール薬品、グラウンドまさ土等も購入	?
	プール管理	プール薬品：ネオクロール×3	45,000
特別支援教育関係	消耗品	特別支援学級用の消耗品	10,000
	備品	特別支援学級用の備品	20,000
保健安全関係	衛生用品	トイレットペーパー、石けん等	21,000
	医薬品	薬品類の購入費用	10,416
	クリーニング	シーツ等のクリーニング	10,000
図書館教育関係	図書費	児童用図書購入費用（図書館運営に関わる経費は教科指導関係に含む）	386,000
環境教育関係	清掃関係	ワックス、掃除道具、トイレ用洗剤等含む	49,000
	園芸関係	花の苗、土等園芸に関する費用総額	85,000
	ホタル飼育	ホタルミュージアムとの連携の可能性も有り※学校内予算としては予算特化しない	?
	にわとり飼育	にわとりのえさ	5,000
事務機器維持費	印刷機関係	印刷機マスター×20	193,200
		印刷機インク×20	
	パソコンプリンタ関係	キヤノンカラーレーザー2710×4色	80,000
		リコー760×1	
事務用品	用紙代	A4×27	43,000
		B4×4	
		A3×2	
		B5×1	
	消耗品その他	予算執行状況に応じて対応	?
施設営繕管理	修繕費	ガラスの修繕、校舎内外の修繕等※昨年度からの支出繰越160,000円	270,000

資料③

運動会決算書

係	品目等	購入物品	今年度予算	今年度決算	業者	備考
総務	プログラム	色上質紙 中厚 さくら色	2,000	1,600	○○教材社	市会計特活消耗
	煙火	煙火（配達料込み）	14,000	13,650	××銃砲火薬	市会計特活消耗
	消耗品	布テープ、ラミネーターフィルム		3,969	△△堂	市会計特活消耗
		電池、布テープ		1,434	Smart○○	市会計特活消耗
	切手	１２枚	1,000	960	在庫分	市会計通信費
放送	ＣＤ		3,000	2,800	○○教材社	市会計特活消耗
演技・審判	真砂	真砂２ｔ１台	9,000	8,400	○△建材	市会計原材料
	石灰	赤ライン×３	6,000	2,362	○△建材	市会計特活消耗
		ホワイトライン		6,090	○△建材	ＰＴＡ児童奨励
	消耗品	ペナント	3,000	3,020	Smart○○	ＰＴＡ児童奨励
賞品	参加賞	ノート	14,000	14,332	○○教材社	ＰＴＡ特別会計
養護	医薬品		10,000	8,585	◎◎教材	市会計医薬品費
接待	お茶	お茶、コーヒーほか	6,000	5,984	Smart○○	市会計食料費
応援		カラー工作用紙		1,260	Smart○○	市会計特活消耗
種目関係	中学年競技	麻袋	8,000	2,384	ホームセンター○○	市会計特活消耗
	低学年競技	ゴミ袋		750	100均	ＰＴＡ児童奨励
	計		76,000	77,580		

者徴収金や各種補助金等も含めた校内におけるあらゆる会計の洗い出しを行い、その中で、校内の教育活動等に充当できるものがどのくらいあるのか分析し、前年度の執行状況や各担当等からの要望を基に、執行計画を立てます。

最初にこの作業を行う際には、前年度の洗い出しと実績把握等を行わなければならないため、多少労力が必要となりますが、計画に対する実績（決算）をその都度行っておけば、翌年度からは効率的に計画を立てることができます。

言うまでもありませんが、この校内事業別予算書を作成する際には勤務校の教育活動にどのようなものがあるのか、また、それぞれの活動にどのくらいの予算が必要なのか把握することが必須となります。よって、校内の教育活動における予算面での学校運営への参画にもつながっていくことになると考えます。

校内事業別予算書のメリットは、年間に必要な予算の目安が立つため、安心で計画的な予算執行ができること。年度当初に全教職員へ各事業ごとの予算を示すことができるため、担当の教員が行事を計画する際にも目安が立ち、計画の立案もスムーズにいくことです。さらに

それぞれの事業の決算と記録（資料③）をしておくことで、用紙やインク等の予算執行に大きなウエイトを占める消耗品などの年間執行計画の目安も立ち、融通のきく予算額がどのくらいあるのかなどの把握もしやすくなります。

　また、事務担当者が異動になっても校内の予算全体が把握しやすい状況であるため、安定した事務サービスの提供も期待できます。

学校事務職員としての存在意義と協働

　学校財務は、私たち学校事務職員の中核的な業務の一つです。たとえ自分が直接担当していなくても、学校の中にある「お金」についてすべて把握しておくことで、円滑な学校運営に寄与することもでき、学校での私たちの存在意義の一つにもなるのではないでしょうか。また、全教職員との情報共有等による協働によって、学校の総合力向上につながるとも思っています。

　学校財務をとおして、学校が子どもの学習権保障のための組織として機能するようマネジメントしていくことも重要だと考えます。

実務編 ▎第❷章第３節

学校や共同事務室で完結する学校予算の執行を通して

林　貞行（はやし・さだゆき）
広島県安芸高田市立向原中学校　総括事務主任

安芸高田市の現状

　私の勤務する学校のある安芸高田市は、2004（平成16）年に旧高田郡六町が合併してできた新しい市です。広島県の北部、中国山地に囲まれた地域にあり、豊かな自然に恵まれ、神楽や花田植など伝統文化や伝統芸能が数多く伝わる町でもあります（以前にNHK「鶴瓶の家族に乾杯」で紹介されたこともあります。ちなみに私も神楽団員で、主に大太鼓・手打鉦等の奏楽を担当しています）。

　市内には小学校13校、中学校６校ありますが、少子高齢化が進み、学校統廃合に向けた検討委員会が設置されている地域もあります。また、市内には３つの共同事務室があり、毎週木曜日に拠点校に設置されている共同事務室で給与・旅費・財務を中心に業務を進めています。安芸高田市全体で共同実施が始まって、学校管理規則に共同事務室が位置づけられ、校長への事務委任規程で予算の決裁権が校長に付与され、小中学校事務処理規程の中で事務長へ専決権が付与されました。

　広島県では、共同実施の本格実施が始まって13年、広島市を除く全県（以下、全県）での実施となって８年が経過しました。76か所の共同事務室が置かれ、76人の総括事務長および事務長（管理職。以下、事務長）が配置されています。給与・旅費については、ほぼ同じ権限が事務長に付与されていますが、財務についての権限は各市町・市町教育委員会の判断によって大きく異なっています。

　安芸高田市の財務の状況、とりわけ、共同実施の中での予算執行の

進め方の具体について報告したいと思います。

予算の現状

　安芸高田市における学校予算は、各学校配当予算と、教育委員会予算（学校・共同事務室から執行するもの）、特色ある学校づくり等、各学校からの申請に基づき執行する予算とに分類され、執行も複雑なものとなっています。電気、ガス、水道、電話、各種リース、各種委託料については共同事務室内の学校分を取りまとめ、共同事務室で教育委員会予算から執行しています。

　予算要求制度はありますが、総額裁量制的な部分があり、ここ数年は毎年マイナスシーリングがかけられています。電気代等が教育委員会予算に組み込まれているため、各学校配当予算に余裕がなく、予算要求をするうえで消耗品の減額をしなければ予算が組めないという厳しい状況にあります。

予算執行上の権限「支出負担行為・支出命令権」について

　安芸高田市全体で共同実施が始まって、学校管理規則等の諸規定・諸規則が整備されました。その中で、校長へは「1件10万円未満の支出負担行為ならびに支出命令の決裁権（ただし、備品購入費、負担金補助及び交付金、扶助費は除く）」が付与されました。

　また、事務長には「1件3万円未満の支出の原因となる契約その他の行為」「収支の原因となる行為について決裁を得たもののうち、1件3万円未満の収入の通知及び支出の命令」についての専決権が付与されました。

　これにより、決裁権・専決権の与えられている範囲内の支払については、学校で起票した支出命令を会計課へ直接提出することができるようになりました。

（1）共同事務室で執行するもの

　安芸高田市では、共同事務室で執行する予算が多くあります。中で

も特徴的なものは、市の財務システムを使用して起案から支払までを行うことです。

〈起案から執行するもの（執行・見積徴収起案、契約起案）〉

執行・見積徴収起案では、指名業者の選定、随意契約理由の作成、設計価格の設定、設計書・仕様書・見積徴収依頼書・予定価格調書等の作成を行います（予定価格は最終決裁権者が決定）。作成後、最終決裁権者の決裁を受け、各業者に見積徴収依頼書・仕様書等を送付し、期日に見積書を開封します。その結果を受け、契約起案を作成します。

契約起案書では、随意契約結果一覧表・契約書等を作成し、最終決裁権者の決裁を受け、契約を締結した後に業者に発注します。

その後、納品・業務等の検査の後、支払事務を行います。起案から執行を行っているものは概ね次のとおりです。

校舎清掃	起案、契約、支払
植栽剪定	起案、契約、支払
卒業証書の印刷	起案、契約、支払
モップ等の借上げ	起案、契約、支払
灯油単価契約	起案、契約、支払、変更契約

これらの執行は多くのところで教育委員会が行っていると思いますが、私たちが執行することによるメリットもあると思っています。例えば校舎清掃では、複数校の業務を一度に行うスケールメリットにより価格の抑制効果が生じます。それによって生じた残予算で二度目の校舎清掃を行うことができるといった効果が生まれています。これは、複数の学校の設計価格設定、仕様書作成等の困難もありますが、やはり学校現場に近いところで予算を執行できる最大のメリットであるといえます。

〈支払事務を行っているもの〉

次のものは、共同事務室でまとめて支払を行っています。

電気、ガス、水道、電話、各種手数料、各種リース、各種委託料

(2) 学校で執行する予算
〈起案から執行するもの（執行・見積徴収起案、契約起案）〉
　　貸切バス借上げ　　　　起案、契約、変更契約、支払
　　図書、備品　　　　　　起案、契約、支払
　　卒業証書筆耕料　　　　起案、支払

学校や共同事務室で完結する学校予算の執行

　私たちにとって、予算の決裁権が校長・事務長に付与されたことは、ある意味大きな転換点であったといっても過言ではありません。それまでも誤りのない正確な予算執行を行ってきましたが、教育委員会ではなく、学校や共同事務室で決裁を行うことで、より子どもの実態や学校現場の要求に即した予算執行が可能となるとともに、私たちの予算執行に関わる責任が明確になりました。「学校で完結する学校事務」という言葉の意味の重さと、予算を執行することの責任を強く実感しました。責任と権限について認識し予算執行を進めていくことは、学校事務という仕事を確立させていくためにも重要なことであると感じています。

　安芸高田市では、学校事務の中で財務事務の占める割合は大きいものがあります。実際、かなりの業務量があり大変ではありますが、起案から支払まで一貫して関わり、権限と責任ある仕事ができるという点では充実度は高いと実感しています。また、業務改善を中心とした提案を教育委員会に提示し、さまざまな協議をしながら進める中で、深い協力関係を築くことができていると思っています。

　安芸高田市では、学校規模や学校数・財務規模などさまざまな要件が組み合わさってこのような状況が可能となっている面があります。大規模な学校や市町等では、それぞれの実態に合った別の形もあると思います。それぞれの実態の中で、学校事務職員が学校財務の中心を担うことで、子どもたちの豊かな学びを実現するための学校事務が実践されることを願っています。

様式第7号（第21条関係）

安芸高田市起案書

文書管理番号： 391959

収受日				分類区分	第1分類	37	教育（H20から）	保存期間	5年
処理期限日	平成	年	月　日		第2分類	01	教育総務		
文書番号					第3分類	01	一般		
情報公開	取扱区分	公開		文書名	基準ファイル名	75653	教育総務　業務委託契約関係		
	事由コード				サブタイトル				

起案	平成26年 6月 2日	起案者	所属	教育委員会事務局 教育総務課 ○○小学校
決裁	平成　年　月　日		職名 事務主任	氏名 ○○小学校　○○　△□　㊞
施行	平成　年　月　日	決裁区分		課長専決
完結	平成　年　月　日	施行方法区分		
公印	平成　年　月　日	公印押印承認 ㊞		文書取扱員　審査　㊞

決裁	課長	校長	事務長	係長	係員	係員	係員		
	決裁者の指示事項等								

合議	建設部管理課							
	課長							
	経営管理合議 （予算、行革、法務その他行政経営事項） ㊞		法務管理合議 （条例、規則その他法務事項） ㊞					

件名　△△小学校・□□□小学校　校舎清掃業務の執行ならびに見積徴収について（伺い）

このことについて、執行ならびに見積徴収してよろしいか

1　業務名　　　△△小学校・□□□小学校　校舎床清掃業務
2　実施概要　　別紙設計書のとおり
3　契約方法　　見積徴収による随意契約（地方自治法第167条の2第1項第1号による）
4　実施場所　　△△小学校　　安芸高田市○○町○○○123
　　　　　　　　□□□小学校　　安芸高田市○○町□□□567
5　実施期間　　契約開始日～平成26年8月31日
6　実施措置　　10-1-2-総務管理費（小学校）-13-1
　　　　　　　予算残額　　　　円
7　指名業者　　別紙指名業者一覧表による
8　実施理由　　環境整備のため

第❷章第３節　学校や共同事務室で完結する学校予算の執行を通して

支出命令書

起案責任者	教育委員会事務局教育総務課 事務主任	○○小学校 ○○　△△	（庁内電話　　　　）
支出命令日	平成26年　9月10日	決裁日　平成　年　月　日	

決裁	教育委員会事務局教育総務課							
	課　長	校　長	事務長	係　長	係　員	係　員		
出納審査	会計管理者会計課							
	会計管理者	課　長	係　長					

平成26年度　　支出命令番号　　19818

支出命令額	¥395,128	支出命令未済額	¥0
控除命令額	¥0	負担行為番号	10561
差引支払額	¥395,128	支出区分	通常払
所属	450100　教育委員会事務局教育総務課	支払方法	口座振替
会計	01　一般会計	窓口払区分	窓口払以外
予算区分	1　現年	検収日	平成26年　8月20日
事業番号	00275　総務管理費（小学校）	支払予定日	
節内訳番号	03048　清掃管理委託料		
款	10　教育費	関連文書番号	
項	02　小学校費	ファイル管理番号	
目	01　小学校管理費	ファイル名	
事業	01　小学校管理費 02　総務管理費（小学校） 00 00		
節	13　委託料		
細節	01　○一般業務に関する委託料		
細々節	192　清掃管理委託料		
摘要	甲田・向原（小学校）　△△小・□□□小学校床清掃業務委託料　請求No.14-08		

債権者 住所		受取人
名称		
振込先		

安芸高田市会計管理者様
　上記の金額を領収しました。　　　平成　年　月　日

収入印紙	住所	支払済印
	名称	

IP32P160

実務編 第❸章第1節
保護者負担軽減 学校徴収金の公開

中谷泰久（なかたに・やすひさ）
神奈川県厚木市立睦合中学校

等身大の実践紹介

「若手向け」。この書籍のテーマの一つだそうです。私の実践を紹介するきっかけは、とある会議でこの事案を報告したことでした。自分ではごく普通の実践だと思っていました。しかし思いのほか良い反応をいただき、自分の仕事を知ってもらい、紹介することは大切だなと感じました。

私が勤務する厚木市は、共同実施が未設置で、どちらかというと他の学校事務職員の仕事が見えにくく、属人的に業務が行われることが少なくない環境です。若い頃の私は、各会議、研究会等で実践を紹介することに積極的ではありませんでした。自分の仕事に自信がもてず、他人に自分の仕事を見られるのが嫌だという気持ちがあり、進んで自分の仕事を紹介するようなことはありませんでした。

そんな私の紹介する実践は、誰でも創意できて、誰でも実践できる内容です。日頃迷ったり、悩んだりしている若手の人たちの背中を押せるような、等身大の実践を紹介します。

厚木市の配当予算と保護者負担軽減

厚木市は人口約20万人で、小学校23校、中学校は13校あります。配当予算は4月の中旬ごろ提示され、積算基礎は、学校基礎額＋児童生徒基礎額×児童生徒数となっています。学校管理費（消耗品費、燃料費、食糧費、印刷製本費、物品修繕費、郵便料、手数料、原材

料)、教育振興事業費（消耗品費、物品修繕費）、保護者負担軽減事業費（消耗品費）、特別支援学級設備整備事業費（消耗品費）、保健消耗品、給食消耗品、PC消耗品の項目に分けられています。流用が全くできないことから、有効な予算執行がしにくいと私は感じています。水道・電気代、コピートナー代は配当に含まれず、市教育委員会が執行しています。

　厚木市の教育予算の特徴的な点は、「小・中学校保護者負担軽減事業費」が配当予算に組まれていることです。これは、「厚木市教育振興基本計画」に記載されていて、中学校事業費は「保護者の経済負担軽減を図るため、音楽科、美術科、技術・家庭科を中心とした教材等や学級活動、部活動に係る消耗品、備品の経費の一部を負担します」と保護者に周知されている予算で、小学校にも同様に配当されています。

　一見、有効に使える予算のように感じます。しかし、元々あった教育振興消耗品費から分裂してできた予算枠で、総額が増えたわけではありませんでした。それでも保護者負担軽減を掲げて配当に組み込んでいることは、特徴的な予算執行ができるという見方もできます。事業の成果指標として公費負担率25％と示されていますが、本校の徴収金額でいうと、配当金額は20％程度の負担率になっています。

　保護者負担軽減事業費の内訳は、教材教具消耗品、技術・家庭実習材料、図工芸術実習材料、学級活動消耗品、クラブ消耗品（小学校のみ）となっています。これはあくまでも配当として分かれているのであって、消耗品費として配当されています。しかし、厚木市では公費で購入する物品と保護者負担で購入する物品を区分するルール、要綱等がないことから、保護者負担軽減事業で何を購入するかは学校長の裁量で決めており、実際には学校事務職員が財務担当者として予算委員会に配当予算計画を提案しているケースが多いです。

　平成24年度には交付金だった学級費が保護者負担軽減事業費に繰り込まれ、「(小学校1人1050円、中学校1人745円)×児童・生徒数」

分が増額されましたが、その後は減額が続いています。減額に伴い公費負担割合、物品を減らさざるを得ない現状に課題があると感じています。本校ではこの３年で、公費負担率にして３％程度（一人当たり500円）減っています。保護者負担軽減は、義務教育である公立学校で勤務し学校財務を担う学校事務職員にとって、平等に教育環境を提供する意味で重要な業務だと考えています。また、厚木市の事業として保護者負担軽減を示しているわけですから、保護者等に対して予算を明らかにしていくことで、説明責任を果たす必要があると考えています。

本校の取り組み

現在本校では、集金の通知と会計報告を私が作成しています。実際の発注や支払は各学年が行っています。集金のお知らせの作成手順は①保護者負担軽減事業費から各学年の教材費に配当するため、各学年から使用する教材を挙げる、②その教材から負担軽減する物品を私が決める、③お知らせの中に負担額を明記、という手順です。例えば、技術の実技教材が1500円であった場合、市がそのうちの500円を負担するので、保護者は1000円の負担ですみますよ、というのを「集金のお知らせ」で表記しています。

私が本校に赴任したのは平成18年４月です。当時はまだ20代後半で、市外から異動してきた私は、保護者負担軽減事業費というのはどういうものかあまり理解していなかったと記憶しています。また、徴収金に関しても、前任校では会計報告のチェック、といっても数字の間違いを見る程度で、決して保護者負担に対する意識が高いわけではありませんでした。異動してすぐの４月に、各教科担当の先生から「今年はいくら負担してくれるの？」と聞かれ、回答に困っていました。するとその先生が、「教材費集金のお知らせ」を見せてくれました。そこには、「厚木市から補助〇〇〇円」と書いてありました。

それを見てとても驚きました。何に一番驚いたかというと、お知ら

せに補助金額を公開していることでした。当時の私の思考では、配当予算で負担するものを集金のお知らせに載せるという発想はありませんでした。学校にはいろいろな予算があり、そのすべてを考慮して財務運営をしてくことが必要だと感じました。

　赴任した時は、現在の方法で徴収金事務を行っていたわけではありませんでした。以前は、多くの学校で行われているように、年間集金する金額から一人〇〇〇円分を差し引くやり方でした。きっかけは、校長が変わり徴収金と集金の説明をすると、「このやり方だと保護者負担の軽減をしていることが保護者に伝わりにくい」「同じ金額を負担したとしても、何と何を市が負担しているというのを明確にしたほうがいい」という意見をいただいたことです。

　確かに、配当は細かく目的に則して配当されているわけですから、総額からマイナスする表記は明確ではないと感じました。その年から負担する物品と金額をそのまま表記する様式に変えることにしました。このことで、職員の保護者負担軽減や学校予算に対する意識が変わったと感じます。これまでの本校の徴収金額は月800円程度ですが、消費税率の引き上げにより、昨年度と同じ物品を購入しても徴収額は増えることになり、さらに公費負担率が下がってしまいます。これからは、学校事務職員が教材の選定等にも積極的に関わっていかないと、保護者の負担率がどんどん上がっていってしまいます。より良い教育環境を整えるため、徴収金と配当予算のバランスをみながら財務運営をしていくことが今後の私の課題と感じています。

＊

　冒頭で等身大の実践を紹介すると書きました。何が等身大かというと、周りの人にヒントをもらい、実践をしているところです。私の周りにはたくさんのヒントがあります。素直に耳を傾け、それを工夫し自ら実行していくことが大切だと感じています。そして、自分では些細だと思っている実践も、人から見たら参考になる実践であることがあります。

昔の私のように自分の実践を隠していると、学校事務職員としての成長のチャンスを妨げてしまいます。きっと皆さんにも、「人には言ってないけど創意工夫して実践している」ということがあると思います。特に、若手の人には積極的に日々の実践を学び合い、自信をもって学校事務に携わってほしいと思います。

2014.5.14

第○学年保護者のみなさま

厚木市立睦合中学校
校　長　○○ ○○
学年主任　○○ ○○

補助教材等集金のお知らせ

　新緑の候、保護者のみなさまにおかれましてはますますご健勝のこととお喜び申し上げます。日頃より、本校の教育活動にご理解とご協力を賜り、厚く御礼申し上げます。
　さて、本年度も生徒ひとりひとりの学力向上を目指し、学習効果をより高めるために補助教材を使用することになりました。
　つきましては、次の通り補助教材費等を集金させていただきます。また、PTA会費や生徒会費などの諸会費も一括して集金させていただきますので、ご理解とご協力のほどよろしくお願いいたします。

1 集金日　　第1回目の集金は5月22日(木)とさせていただきます。
　　　　　　それ以降は、表の月別集金日の通りとさせていただきます。

2 月別集金日 及び 金額

回	月　日	集金額
1	5月 22日（木）	3100 円　PTA会費
2	6月 5日（木）	3000 円
3	7月 5日（木）	3000 円
4	月　日	円　鎌倉班別学習
5	10月 2日（木）	3000 円
6	11月 6日（木）	2000 円
7	12月 4日（木）	850 円
8		
9		
	合　計	14950 円

※3年に兄姉が在学している場合は、PTA会費の徴収は行いません。
※12月は最終決算を行いますので、集金額が若干変更になる場合があります。
※毎月の集金のお知らせは、集金袋の配布にかえさせていただきます。

3 内訳

①補助教材費	②諸会費	③その他	合　計
9570 円	4180 円	1200 円	14950 円

※9/27(木)実施予定の鎌倉班別学習につきましては、費用が確定しましたら
　7月または9月に集金いたします。

①補助教材費

教科名	教材名	金額
国語	国語の学習	630
	提示ホルダー	90
数学	数学基本問題集	500
	フラットファイル	30
理科	観点別ミニテスト	400
	理科ノート	490
	実験消耗品	200
	フラットファイル	30
英語	基礎を築く	520
	フラットファイル	30
音楽	ミュージックスタディ	410
美術	寄せ木アート	1200
	フレームアート	1150
	消耗品	250
	厚木市保護者負担軽減事業による補助	-500
保健体育	学研式体力テスト	220
技術	テーブルタップ	780
	LEDライト	2400
	実習消耗品	200
	厚木市保護者負担軽減事業による補助	-410
家庭	フェルトでつくる絵本	950
	調理実習費	300
	厚木市保護者負担軽減事業による補助	-300
	合　計	9570

②諸会費

諸会費項目	金額
PTA会費(月額250円の12ヶ月分)※1家庭の金額	3000
PTA活動保険代	100
生徒会費(月額90円の12ヶ月分)	1080
合　計	4180

③その他

諸会費項目	金額
生活ノート	550
個人写真	400
新樹(文集)	250
合　計	1200

実務編｜第❸章第2節
学校財務と事務職員の関わり──校内予算委員会・学校運営協議会を通して

柴田正治（しばた・まさはる）
福岡県春日市立春日西中学校

本校の現状

　4月当初、中学校では校内人事も決まり、多くの学校では学年で副教材の選定に入ります。

　副教材は保護者に負担していただき、学校で徴収するお金で賄うため、校納金としての位置づけがあり、どの地域でも準公費的な扱いが多いことと思います。

　選定をする教師は、当然、経済的かつ効率的な教材を選んでいると思いますが、前年度との比較や金額の上限等の考えには至っていない現状が本校にはあります。

学校徴収金と事務職員の関わり

　まず、各教科・各学年で選んだ副教材を前年度と比較し、著しく金額が高くなっていないかを調べ、高くなっている場合は、教科担当者・学年担当者から理由を聴取します。本当に金額を上げないといけない理由があるのかを把握するためだけでなく、安易に徴収金額を上げないことや、校納金は保護者から徴収している大事なお金であることの教師への意識づけもあります。

　まず、教材の金額を調べて、間違いがないかどうかを確認し、違う場合は学年担当者に報告します（本校ではPTA総会の後に学年総会を開催し、校納金について報告・承認を得て徴収をすることになっています）。

校内予算委員会とは

　本校の校内予算委員会は、校長・教頭・教務・事務の4～5人の少人数で構成されています。メリットとしては、少人数なので、①日程調整がしやすい、②意見がまとまりやすいなどがあります。

　校内予算委員会で検討する事項は、①公費（市費）予算の配分説明。購入予定備品の説明、②校納金で取り扱う副教材の検討、③その他、社会教育費等の予算配分説明を主に検討しています。

　春日市は、総額裁量制予算を採用し、ある程度、学校側が予算配分を決めることができます（ライフラインや他の費目も最小限度の予算確保が必要なため、本校で自由裁量となる予算は100万円程度）。

　公費（市費）配分については、校長の教育目標の実現のため、必要な物・人等の把握をし、予算を割り当てていく作業を行います（例えば、地域に開かれた学校づくりのため、外部講師の充実ならば講師謝金の確保等）。

　次に副教材の検討ですが、前年度と比較し、予算が増加している場合、理由の説明を行い、過度に教材を購入していないかなどを検討します。その際に校納金を徴収する金額の限度として、準要保護費の学用品費を基準としています（文末の資料参照）。

　構成メンバーは、教師の立場で副教材の必要性を理解している者ばかりですので、逆に過度な副教材の把握もできます。例えば、英語のリスニング教材を2つ選定している学年がある場合、事務職員だけだと本当の必要性を理解することは難しくなります。しかし、構成メンバーに教師を含めること（校長も元々は教師）で、教育課程上での必要性や、より効果的な教材を選ぶことができる場合があります。そういう過程を踏み、経済的かつ効率的な副教材選定を行っています。

事務職員と学校運営協議会との関わり

　春日市は、全小・中学校でコミュニティ・スクールが導入され、各

学校に学校運営協議会（本校ではコミュニティ協議会）が設置されています。構成メンバーは、有識者（大学教授等）・地域自治会役員・PTA役員・市教育委員会職員・管理職（校長・教頭）やコミュニティ・スクール担当職員等です。

校長は、学校運営の基本方針を作成し、協議会の承認を得なければならず、そのため春日市学校運営協議会規則第9条（4）に、「学校予算の編成・執行に関すること」があります。本校では、学校財務に関わる職員として事務職員が予算編成の説明を行っています。

第1回目のコミュニティ協議会で、校長の学校経営要綱の説明の後に、予算編成の説明をします。地域の方やPTAからは、積極的かつ建設的な意見が多く、「もっとコミュニティ・スクールを推進するならば、学校に予算を増額してほしい」「学校は頑張っているのだから、教育委員会も予算面で支援してほしい」等の学校に肯定的な意見が述べられ、毎回、予算編成説明の時は教育委員会職員が肩身の狭い思いをしています。

本校では年に10回、コミュニティ協議会が行われますが、学校を運営するに当たり、学校財務は必要不可欠です。予算が必要な新たな取り組みを校長が説明する際に、「予算、大丈夫？」という言葉を必ずといっていいほど、何度も地域代表委員の方に尋ねられます。

その際、「予算については、管理用消耗品で対応します」や「その予算費目は不足するので、施設修繕料から予算の組み替えをします」等と答えていますが、明確な予算の裏付け説明ができるのは、事務職員だけだと考えます。学校財務は、学校運営の根本です。

学校財務は一つのキーワード

学校を取り巻く環境が変化し、事務職員にも「共同実施」や「事務長制」「コミュニティ・スクール加配」等、学校で求められる事務職員の仕事内容が変化しています。学校が求める事務職員としての仕事の変化に対応し、また、それぞれの学校が置かれている状況（地域

性・学校規模等）にも柔軟に対応しなければなりません。

　事務職員の仕事内容も各学校においてそれぞれ違う実情もあると思います。その中で、学校財務は各学校共通で取り扱う業務の一つです。学校財務に精通し、その幅を広げていくことは、学校運営の一翼を担い、また、コミュニティ・スクールに参画する「事務職員の役割」としての一つのキーワードであると思います。

平成26年度　3学年諸費予算（案）

平成25年度					平成26年度				☆検討すべき点
教科	教材名	価格	出版社	業者	教材名	価格	出版社	業者	昨年度と比較して金額の増えた教材
国語	基礎の学習	600	新学社	*	よくわかる国語の学習3	590	明治図書	*	
	精選問題集	400	フクト		精選問題集	400	フクト		
社会	最新公民資料	650	浜島書店	*	よくわかる社会の学習(公民)	490	明治図書		ノートなし
	精選問題集	400	フクト		精選問題集	400	フクト		
	よくわかる社会の学習(公民)	470	明治図書	*				*	
数学	数学の徹底学習	580	フクト	*	数学の徹底学習	600	フクト	*	
	精選問題集	400	フクト	*	精選問題集	400	フクト	*	
理科	よくわかる理科の学習3	550	明治図書	*	理科ワーク	620	あかつき	*	卒業アルバム現金徴収
	精選問題集	400	フクト	*	精選問題集	400	フクト	*	5,400円
音楽									
美術	実習費	1,000			実習費	1,000			前年度と比較(合計金額) 570円減額
保健体育									就学援助費と比較 260円不足(見込)
技術	実習費	1,700			実習費	1,700			
家庭科	家庭科実習費	600			家庭科実習費	600			
英語	JOYFULWORKBOOK	640	新学社	*	JOYFULWORKBOOK	660	新学社	*	PTA会費　3,000円
	入試リスニング	340	正進社	*	精選問題集	400	フクト	*	後援会費　2,760円
				*					生徒会費　1,800円
道徳	自分をのばす	570	あかつき	*	キラリ道徳	590	正進社	*	
その他	教材ファイル	265			教材ファイル	430			就学援助費　37,560円
	3年学力診断テスト	5,500	フクト		3年学力診断テスト	5,500	フクト		
	自学ノート	105			諸調査情報処理手数料	150			
	諸調査情報処理手数料	150			夏の生活	1,200	フクト		
	体力テスト	220	学研		冬の学習	1,200	フクト		
	夏の生活	1,200	フクト		進路費	200			
	学習の記録用クリヤーファイル	210			総合学習費	200			
	冬の学習	1,200	フクト		同窓会費	300			
	進路費	200			卒業アルバム	5,400			
	総合学習費	200			セミナー	5,000			
	同窓会費	300			学級費	240			
	卒業アルバム	5,200			卒業記念品	1,000			
	セミナー	5,000			学年消耗品費	200			
	学級費	240			星雲生活ノート	390			
	卒業記念品	1,000							
	学年消耗品費	200							
	星雲生活ノート	340							
	合計	30,830			合計	30,260			
					前年度繰越金				
						30,260			

ファイルA5		0	0
ファイルA4		3	120
ファイルB5		6	210
ファイル(PP B5)		1	100
	合計		430

実務編|第❹章第1節
公費増額に向けての奮闘記

林　香里（はやし・かおり）
滋賀県大津市立瀬田中学校　事務主査

なぜこんなに公費が少ないの？

　新規採用から、素朴な疑問が公費の少なさでした。県外交流研修会で、お互いが交わす学校配当予算一覧。「こんな少ないの？」。他県市町小規模の学校予算のほうが多いのです。県内の先輩方からは、「事務職員が公費増額に取り組まないと誰が取り組むの」と尋ねられ、「えっ？　公費が少ないのは事務職員のせい？」と、考えるようになりました。

　確かに一番現状がわかっているのは事務職員です。そして、私は県費負担教職員。教員同様、教育水準の維持向上を図ることが求められており、公費増額に向けて取り組まなければならないと思いました。公費増額の取り組みに関して、ご協力くださいました皆様に、この場をお借りして厚くお礼を申し上げます。また、公費の少なさに嘆いている仲間の皆様に少しでも元気を与えることができたら幸いです。

大津市の配当予算

　大津市は人口約34万人。平成21年4月に中核市となり、小学校37校、中学校は18校あります。配当予算は、4月の中旬ごろ提示され、積算基礎は平成25年度から明確になっていません（それまでは、学校割＋学級割＋児童生徒割）。予算内容は、市費職員旅費、消耗品費、燃料費、食糧費、修繕費、役務費、備品の項目に分けられています。教育振興事業費という項目は、書面では見たことがありません。その

他、光熱水費、電話代、郵便料、児童生徒用図書費は教育委員会で執行されます。

大津市の現状把握

平成18年３月、志賀町が大津市に合併され公費予算は３分の１になりました。志賀町が本来の予算と思った私は最大のチャンスととらえ、本来公費負担とすべき経費（学校予算）を公費と徴収金を含めて計上し、運営していくうえでどれくらい予算が必要であるかを示す調査をすることにしました。すべての徴収金とPTA会費等から拾い上げるため、結構な時間を要する調査であり、夏休み期間を利用して行いました。

協力してくださったのは、主に経験の浅い事務職員でした。全体で45％の回答があり、「大津の子どもたち、保護者のため、協力してくださった方のためにも頑張ろう」と思いました。

市議会での質問から徴収金ワーキング発足へ

平成22年、市議会にて学校徴収金の「環境整備費」が問題となりました。環境整備費だけではなく、その他の徴収金も問題だと感じていましたが、公費増額の話にはなりませんでした。県内の高校で部活動費の着服の問題もあり、徴収金ガイドラインが教育委員会名で発行される動きになりました。

徴収金ワーキングが発足し、市教委の事務局から総務課３名、学校教育課２名、小中学校長各１名、事務職員６名で構成され、３か月に１回程度の会議が開催されました。市議会で問題になっている環境整備費について説明があり、徴収金ガイドライン作成に向けて動き出しました。これを、公費増額に向けてのチャンスととらえ、会議のたびに公費増額につながるように資料を提示し様子をうかがいました。

メンバーの中には、「ムリやで」と諦めムードが漂っていました。めげずに毎回、他県の様子や新聞記事等を提示し、公費増額しか道は

ないとアピールしました。「会議は要項を作成することが目的」と全く相手にされませんでした。

県内の公費の状況を一覧にして提出すると、「中核市と比較しないと、こんな資料では財政には納得してもらえない」と言われ、他府県の参加する事務職員の研修会で、「中核市の方に調査のお願いがあります」と会場を行脚して回りました。まずは中核市の方にお願いし、同規模の方にお願いしていただけないか頼みました。誰一人、嫌な顔をせず、「頑張りや。応援してるで」と声をかけていただき、「事務職員の横のつながりは素晴らしい」と一番感じた時でした。

この調査資料を会議で出して、財政課へお願いしてほしいと頼みました。また、「学校の現状を知ることから始めないといけないのでは」と会議の中で再三訴え、現状を知る実態調査が行われました。市教委調査では、公費増額へ向けた本気度をアピールするため、1年分の報告しか要求されていなくても、「参考にしてください」と3年分の報告を提出しました。このチャンスを逃したら次のチャンスはいつになるかわからない……必死の思いでした。

〈実態調査：学校・園徴収金の状況調査について（平成23年7月15日）〉
①管理方法（口座管理、現金管理）、②徴収している項目（学年費、修学旅行費、給食費、生徒会費、部活動費、PTA会費等）、③徴収方法、④入金時の事務、⑤出金時の事務

公費増額に向けた具体的な動き

市教委総務課担当者との折衝を2回行い、他にもいろいろな場面で積極的に公費増額に向けての発言をしました。教職員と徴収金問題を一緒に考えることで、公費と徴収金について問題点を共有するために支部教研でも発表しました。共感してくださった方がいろいろな方を紹介してくださり、多くの方とつながることができました。

市長部局との交渉にも年休をとって参加し、公費増額に向けて発言をしました。その頃、PTA任意加入の新聞記事が話題となりました。

そして「会費が学校の『第二の財布』?」という記事(『朝日新聞』平成24年2月26日付)が掲載されました。記事では、「財政難の地域ほど、保護者負担に頼っている。PTA会費が事実上、『第二の財布』になっている学校もある」と指摘されていました。その話も交えることで、公費増額が必要であるとわかってもらえることができました。

財政課への要求

　大津市では、学校から直接財政課へ声を届けることができません。そこで、教育委員会事務局の担当者に代弁していただけるような資料を提示することが必要だと感じていました。今の配当予算で、本来公費で執行するものを挙げたグラフを作成し、用紙と印刷関係で4分の3を使うことになる見た目でわかりやすい資料を作成しました。

　これでは学校運営はできない。ほとんどの物が購入できなくなるとわかってもらえました。その資料を基に、総務課の担当者が財政課へ訴えてくださいました。本校(生徒数700人)で平成24年度当初予算は前年度の約60万円増額となり、採用後初めての大幅増額でした。それでも平成24年度大津市は、教育費の割合としては滋賀県内で最も低い9.1%であり、滋賀県内の平均12.7%を大きく下回っています。

　次に、保護者負担になっている用紙代を公費に移行する動きをかけました。子どもが持って帰るから私費だという考えで、授業で使用する紙も徴収金会計から執行していました。校長会も力になってくださいました。県内の学校の紙代について調査を行ったところ、私費と答えたところは全くありません。そのデータを基に教育委員会事務局の担当者が財政課へ要求してくださいました。同時期、市長懇談にてこの紙代について発言をしたところ、市長が「それは本来公費です」とはっきりおっしゃられ、その動きが加速されました。

「徴収金ガイドライン」発行

　平成24年4月、「学校徴収金の取扱に関する要項」が教育委員会名

で発行されました。

　平成25年度、紙は公費と位置づけられ、公費が30万円増えました。この２年で100万円弱の公費増額につながりました。同時期、平成25年３月に「公費・私費の負担区分」も提示されました。平成25年７月に行われた包括外部監査報告書でも、「公費と私費の区分について周知徹底を行い、公費とすべきものが学校徴収金から支出されることのないようにする必要がある」と指摘されていることから、公費・私費も含めた学校全体の会計をしっかりと把握し、本来公費の部分について現在、市内事務職員で動いています。

本校の取り組み

　本校には経理委員会があり、学校内の財務に関して話し合います。メンバーは、管理職、教務主任、各学年主任、会計担当者、事務職員の13人で構成されています。会議は年６回程度。１回目の会議は１時間ですが、あとは30分で終わる案件にしています。公費は、予算・中間決算・決算という報告の流れです。教材消耗品に充てる予算が少ないのですが、カリキュラムと学校予算は連動していることがわかるように心がけています。公費の使途については、職員会議や事務だよりで職員へ周知します。予算が少なくても、教育目標達成に向けての取り組みや、校内研究（授業参観等）に参加することで日々の教育活動についての情報を共有し、教育活動が円滑に機能するための工夫を提案することもあります。

　私費については、集金額の決定、お知らせ、小学校での未納状況や本校での未納状況、就学援助の申請状況や家庭の状況などを話し合います。同じ物品で学年によって値段が違うもの、公費で購入できるものなどを確認しながら作成していきます。口座引落事務や督促のお知らせは事務職員が行いますが、経理委員会で話し合った内容は、学年会議で下ろされ周知されます。未納家庭については、小学校と情報を共有しながら徴収事務を行っています。私費会計についても必要な意

思決定を経て執行しています。

　修学旅行や卒業アルバムの業者選定会議には、事務職員も入り議事録をとります。特に修学旅行は、出張旅費とも関連することもあり、決定する前に事務職員としての意見が言えることは大きいと感じています。

　保護者監査は年度末に行われ、担当者は授業中ということもあり、説明は事務職員が行います。部活会計についてもすべて校内決裁を行い、4月の保護者会で報告をします。部活会計18会計を併せると私費会計25会計すべてにおいて事務職員もチェックします（学校全体の親睦会費も対象です）。

　ここ数年で、事務職員の校内での役割も大きく変わってきました。これからの学校は、自主的・自律的な教育活動の発展を財務によって保障するためにも、公費・私費会計の予算編成から決算評価までの全過程に教職員がそれぞれの役割をもって主体的に関わらなければなりません。教育委員会事務局がもっている補助金等も含め、すべて学校が計画的に執行できる予算にすることと、直接要求できるシステムで学校長が望むカリキュラム経営が可能になると考えています。

実務編｜第❹章第２節
新年度の予算執行へ向けて

篠原久美子（しのはら・くみこ）
山梨県北杜市立須玉中学校　事務主査

北杜市における学校財務

　北杜市は、平成の大合併により８町村が合併し誕生しました。現在の小中学校数は小学校11校、中学校９校です。

　私たちは、合併の年より共同実施加配を受け、教育委員会と連携し、学校予算についての共通化を図りました。

　消耗品費や教材備品費については、各費目の総額（小学校・中学校）を変えずに、学校規模に応じた金額となるよう学校割・児童生徒割・学級割等の積算基準（案）を作成しました。これを基に、合併２年目より教育委員会が各校へ提示し、現在に至っています。

　各校へは、学校長専決権のある費目（光熱水費除く需用費、原材料費、備品購入費で５万円以下）から、契約を伴う使用賃借料など多くの費目が令達されています。少ない予算ではありますが、基本的には総額裁量制なので、各校とも特色ある予算を盛り込んでいます。

　予算要求は、消耗品以外は見積書等を添付し教育委員会査定を受けます。数年前より、総額予算へのマイナスシーリング指示が始まりました。金額が多い光熱水費などは実績に基づいた予算となっているため、各校は積算基準のある教材備品費などで減額せざるを得ない状況です。

　また、全国的な少子化の傾向と同様に児童生徒数が年々減少を続け、学校の小規模化が深刻化しています。そのため適正な学校規模の確保を目指し、小学校・中学校とも大幅な統廃合計画が進められつつ

あります。合併の次は統廃合へと課題は続いています。このような状況の中で、北杜の子どもたちの豊かな学びと健やかな成長のために、学校事務職員は日々奮闘しています。

まず、自校の教育活動を理解しよう

ここでは、若手事務職員へのメッセージととらえ、普段着のままの気持ちで書かせていただきます。

学校では、いろいろな職種の教職員が専門性を発揮し、教育活動を営んでいます。学校事務職員の専門性は、学校財務で発揮されるものであり、よりよい教育環境を目指し、実践を通して高めていくものと考えます。そのためにも、自校の教育活動を理解していることは重要です。このことを意識して、仕事をしてみてはいかがでしょう。

ある物品（備品）の購入希望が出された時に、教科書と教育課程を見ながら「○年○教科の○単元、活用方法、必要度（必ず必要・有ればより効果的）」などについて担当者と確認すると、使いたい側の意図を理解するとともに、学校事務職員としての知識にもなります。時には、購入備品を活用している授業を参観するなどもお勧めです。ちょっと踏み込んでみることで、自校の教育活動への理解が深まり、やる気スイッチも入ることでしょう。

公費決算書を活用しよう

決算の時期は、財務や人事、学籍関係などの多くの事務処理が並行し、一言で表現したならば、お盆とお正月が一緒に訪れたような忙しさです。自分自身が、異動の年であればさらに忙しいですね。

（1）年度末

とても忙しい時期ですが頑張って作成します。会計区分ごと（款・項・目・節など）の予算額・決算額・執行率だけではなく、校務分掌ごとなどの決算で品目までまとめておくと、より活用される資料となります。作成の次は、振り返ります。決算状況を基に、1年間の執行

方法や内容等を振り返り、次年度に向けての検討もします。予算委員会が設置されていれば、そこで検討したいところです。私費決算書も含めて検討すると、学校全体の振り返りが可能になります。

　そして必ず教職員に報告をします。教職員も忙しい時期ですが、ここで共通理解を図っておくことが大切です。

（２）年度初め

　予算執行計画立案において、前年度決算が参考になります。教科の消耗品費などで予算枠を提示している場合は、担当者に執行計画の資料として、品目等の決算書を渡しましょう。

（３）予算要求書作成時

　予算要求書作成では、前年度決算書と今年度の中間決算書を活用します。取り組み時期が早まっている本市（８月）では、１学期分の中間決算書を作成します。

　このように、決算書はその年度の予算執行を総括するとともに、翌年度の予算執行、翌々年度の予算要求の検討材料でもあります。より有効的に活用することが大切です。

決算を生かした取り組み

　私は、小学校勤務を長く経験し、２年前から中学校勤務となりました。それぞれの学校での実践を紹介します。

（１）担当者用予算ファイル

　教科主任など担当者が持つファイルで、予算に関する書類を通年で綴ります。予算要求時に提出した要求書や、教科主任会資料、各年度の消耗品や備品購入一覧など、要求・執行・決算に関するものを年度ごとに綴っておきます。短い年数で担当が変わることが多い小学校では、このファイルにより予算の経過が把握できます。

（２）公費で購入する教科消耗品一覧表（資料参照）

　中学校では教科予算に関することは、教科主任に確認していますが、小学校では実際に授業に携わる授業者とも確認する場面がよくあ

ります。教科主任・学年・事務職員が共通理解を図ることを目的に、「公費で購入する教科消耗品一覧表」を予算委員会で作成しました。この表は、数年の決算書と教育課程を基にして、教科ごと・学期ごと・学年ごと・単元ごとの枠に必要物品を書き出しました。特徴は次の２点です。

①「この単元では、こんなものは公費で購入」を記載

　関係する教職員が参考にします。詳細な決算は前述の予算ファイルを見ます。

②執行の留意点を記載

　公費以外に、私費購入もあるので、公費・私費の区分など確認しておきたい事項を記載しました。例えば、家庭科の６年１学期の「くふうしよう　楽しい食事（朝食を考えよう）」では、教科書の例示は「野菜炒め」と「スクランブルエッグ」の２例。例示にある基本的な食材は公費、発展的にベーコンなどを使用したい場合は私費など、すべての食材を公費で賄えないための区分を記載しました。初めて作成しましたが、決算内容を教育課程に当てはめ、予算面から教育課程を見てみるのも楽しい作業でした。

（３）学園祭予算執行状況一覧

　運動会や学園祭などは、限られた期間に、予算提案・執行・決算を行います。私たちも短い期間に物品の選定、購入業者決定と発注、納品日の確認等忙しい日々でもあります。さらには予算額も考えながらの執行です。

　現在の勤務校は、夏休み前から生徒は活動を始め、９月第２週頃に学園祭を迎えます。昨年度、生徒会担当職員と連携し、学園祭予算執行方法にひと工夫してみました。

　職員１人１台のパソコンが職員室に整備され、校内LANのネットワークには、情報を共有するフォルダがあります。この共有フォルダに学園祭の予算（公費・私費）執行状況データ（Excel）を載せ、職員が随時確認できるようにしました。学園祭終了後、残額の有効活用

として、「次年度に向け、購入しておきたい物品」を教職員に呼びかけ、購入、決算報告を行い学園祭予算は終了しました。今年度はこのデータに、昨年度の決算状況を参考資料として載せ活用しました。

私費会計への関わり、一歩

前述の学園祭では、公費（15万円）・私費（生徒会費2.5万円）の総額予算で、計画・執行・決算をしました。

学園祭終了後に、私費を把握することの必要性を実感し、本校の私費会計において、学校事務職員として何ができるだろうか考えました。本市および本校には、学校徴収金の取扱要綱などが制定されておらず、校内では次のような課題がありました。

①保護者に配付される書類（予算書、中間報告書、決算書など）の書式が、学年ごとに異なる。
②会計担当は、会計事務に悩むことが多く、共通した取扱が必要だと考えている。
③学校徴収金の基本的な考え方を明示したものがないため、責任の所在が明確でない。

これらの課題解決と、私費・公費区分についての共通理解を図ることを目的に、「学年会計の手引き」を作成することとしました。各学年会計担当や予算委員会メンバー（校長・教頭・教務主任）とともに検討し、今年度より使い始め、必要に応じて加除修正していくこととしました。

取扱（書式）の共通化が図られつつあるとともに、私費教材等の再確認や、本校としての特別支援学級の教材費の処理方法が明確になりました。

大切なのは、情報のキャッチボール

私たちは、学校全体に係わる公費予算の計画、執行、予算要求、総括（決算）をしています。学校事務職員の役割は、若くても、トータ

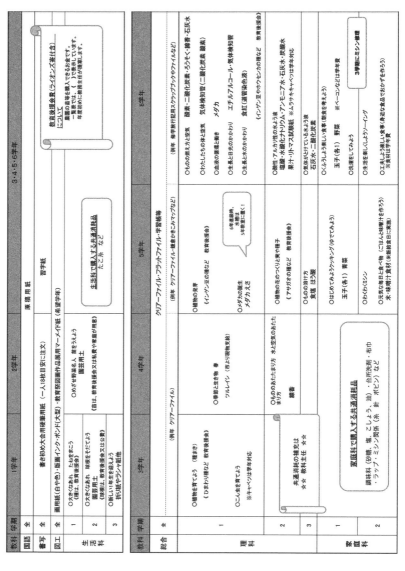

ルマネージャーだと考えます。この役割を効果的に行うには、予算委員会の存在は必須です。

　私は30代の頃から始めましたが、その時々のメンバーから多くのことを学びました。実践していない方は、企画・運営することに躊躇せず、積極的にチャレンジしてください。

　まず、予算に関して検討した情報を発信していくと、教職員からも情報が集まるようになります。例えば、予算要求時に教職員から出された要求は、どのようにフィードバックしていますか？　それぞれの要求を、「予算要求につなげる・今年度予算内で対応する・しない・長期計画で検討」などのように報告してはいかがでしょうか。要求が、受け止められて戻ってくるって、嬉しいですよね。

　学校財務に携わる私たちが大切にしたいのは、「情報のキャッチボール」。予算委員会を基点に、情報のキャッチボールを続けていくと、教職員全員で予算に係わる体制が整っていくと考えます。学校の中で、「これは予算委員会で検討してもらおう」などの声が出てきたら、"Good！"ですね。

　すべては、私たちの働きかけから始まります。

実務編 ‖ 第❺章第1節
大阪市の学校事務職員の取り組み

渡邊康江（わたなべ・やすえ）
大阪府大阪市立玉出中学校

大阪市の現状

　大阪市では、平成24年度より順次「学校間連携」を始め、平成26年度より全行政区で実施されました。さらに、学校給食費においては私会計方式から公会計化に移行されました。このような大きな変革に対して、大阪市の学校事務職員はお互いに協力をしながら、柔軟に変化に対応しています。と言いながら、私自身が柔軟に対応できているかは不安ですが、私の現在の取り組みの一部を紹介したいと思います。

「学校間連携」とは

　現在、大阪市は学校事務職員の世代交代が進み、経験年数の浅い学校事務職員の育成をどのように行っていくのかが課題となっています。また、学校に対する保護者の要望は多様化し、業務が複雑化する中で、学校のコンプライアンスの徹底が厳しく求められています。
　各学校において学校長を支え、学校における自律的で安定した適正な事務運営を行うためには、まず、私たち学校事務職員の職務能力の向上は欠かせないものであり、この実現のために「学校間連携」の推進で取り組む主な活動内容として、①情報共有、②コンプライアンスの徹底、③若手職員等の育成、④事務の改善・効率化を挙げました。

「連携グループ会議」の現状および運営と役割分担

　全行政区で始まった「学校間連携」では、行政区の学校数等により

一律ではありませんが、中学校区を基本として90グループに分かれ、「連携グループ会議」を月に1回開催しています。

「連携グループ会議」の運営は担当事務主幹のもと、連携グループリーダーを中心に連携グループ内での裁量で行っており、連携校間での連絡・調整を行い、会議の企画・立案も連携グループ内で検討します。

自身の「学校間連携グループ会議」について

当初は、グループのメンバー全員が「学校間連携」の未経験者で、諸帳簿の点検作業に時間がかかっていました。しかし、回を重ねるごとに点検するポイントなどがわかり、的確で迅速に行えるようになってきました。今まで自分の書類を他の人に点検していただく機会もなく、また他の人の書類を点検する機会もなかったので、たくさんの気づきがありました。その結果、書類作成をする際には、連携グループ会議での指摘事項に注意しながら今まで以上に慎重に作成するようになり、事務処理の正確性が向上したように感じます。

また、若手職員が日常業務でどのようなことに疑問を感じ、問題を抱えているのかがよくわかりました。しかし、若手職員の疑問や問題解決をしていくには、先輩職員の能力の向上も必要だと感じました。そして、いろいろな意見を出し合い、問題・課題解決に向けて話し合うことが良い刺激となり事務能力の向上につながると思いました。

さらに、連携グループ会議では、毎月テーマを決めて実務研修や情報共有を行っています。例として、各学校で配付している保護者向けの配付文書や教職員向け文書等を持ち寄り、各学校で工夫している点などを話し合い検討して共通の文書を作成しました。また連携グループ内で、連絡・会議日程調整などをスムーズに行うために各学校の月中行事についても共有しています。

月中行事を共有しておくことにより、例えば、各学校の行事の日程調整ができ、学校行事に必要な備品が不足する場合には、行事日程を共有することにより物品貸借の連絡がしやすくなります。

今後も「学校間連携」の内容を充実させ、連携グループ内の事務職員だけでなく各学校全体の教職員にも学校運営の充実、発展にもつなげていきたいと思います。

学校給食費の公会計化への移行について

　平成25年3月に「大阪市学校給食の実施及び学校給食の管理に関する条例」が制定され、平成26年4月より学校給食費は公会計化へ移行することとなりました。

　市で管理することにより、議会において予算・決算の審議を受けることとなり、学校給食費の透明性の向上を図っています。未納者に対しては、市の権限と責任において、より厳正な法的措置をはじめとする未納対策を効率的に実施することが可能となりました。

学校給食費の公会計化に伴う事務処理

　公会計化により学校給食費は、大阪市の会計規則、未収債権管理事務取扱規則、学校給食費管理規則等の適用を受けます。それらに伴い各規則で求められている手続きや書類の徴取を行う必要があります。まず、契約に基づいて学校給食を提供するために、保護者に申込・支払方法を確認するための書類を提出していただきます。また、口座振替を希望される場合は、口座振替の手続きを行っていただきました。

　口座振替の手続きは、初年度については新入生および在校生に周知し提出していただく必要がありますが、次年度からは小学校入学時に登録を行えば中学校卒業まで口座情報を引き継ぐことができ、市内間での転校も、登録した口座情報を引き継げます。

　大阪市の公金として取り扱うため、複数の金融機関から選択することが可能となり、口座振替手数料も市が負担します。現金納付や振替不能などにより納付書で金融機関に振り込む場合も振込手数料は市が負担します。

　会計規則には、公金を徴収する場合は、事前に金額を通知しなけれ

ばならないと定められているため、年度当初に年間の給食費額を通知する必要があります。

　大阪市の学校給食は、小学校は全児童が喫食し、中学校においては全生徒喫食か選択制で実施しています。本校では選択制で実施しており、中学１年生については全員喫食、中学２・３年生については選択制で実施しています。

　学校事務職員は給食の４月開始に伴い、月単位の給食実施予定日数をイントラネットで構築された学校財務会計システムに入力し、合わせて事前に保護者よりアレルギーの申し出があった場合には、アレルギー申請用紙を提出してもらい、減額・非喫食の事務処理を行います。また、一定期間前であれば、月の給食実施日数の追加・取消が可能であるため、学校行事等の把握も必要となります。

　給食費は就学援助が認定された家庭については、小学校は実費額が全額支給され、中学校では実費額の２分の１が支給されます。生活保護受給家庭においては、学校が各行政区の保険福祉センターに請求し、支給された給食費を直接納入するため保護者からの徴収はありません。このような請求、支払事務も学校事務職員の重要な仕事です。

今後の課題

　今年度からの実施であることから、転入・転出による児童生徒情報の入力や就学援助や生活保護の認定に伴う設定変更、月中行事の変更に伴う喫食日の変更手続き等に不備が起こりやすく、また、小学校と中学校での事務処理の違いなどから情報の共有が難しく、すべての学校で業務がスムーズに行われていない状況が見受けられます。今後は、校種ごとの詳しいマニュアルの作成や学校間連携を通じて情報交換をし、対応していくことで課題等を解決していきたいと思います。

学校徴収金予算の作成

　学校徴収金の予算を編成する際には、①１年間の教育指導計画に基

づいて編成する、②保護者の負担を最小限に抑えられるように編成する、③最大限の教育効果があらわれるように編成する、④過去の評価・反省を生かして編成する、⑤学校全体として組織的に検討して編成する、の５つのポイントに注意しています。

また、補助教材選定委員会を設置し、事務職員の視点から、補助教材等について、公私負担区分が適正になされているか、校外活動の実施計画と教職員旅費との関係はどうかなどを検討しています。

各教科・各学年は、計画どおりに執行できたか、保護者負担に見合う効果があったか、次年度に向けての課題は何かなどチェックリストを活用しながら評価・反省を行います。その評価・反省を学校全体で共有し、次年度の予算編成につなげています。

学校徴収金の未納対策

未納家庭の保護者には、学校徴収金の意義、内容等を十分説明し、理解と協力を求めています。就学援助や生活保護制度、児童手当の活用についても周知を行い、毎月の口座振替日の前には「〇月分学校徴収金納入のお願い」など保護者宛に文書を配付しています。残高不足等により振替不能となった家庭には、現金で学校に納入していただくために「納入通知書」を生徒を通じて配付しています。配付する際には、教育的配慮にも十分に気をつけます。

未納家庭については、担任から家庭状況を聞き取り、未納連絡をする際には慎重に対応しています。その時に事務職員が知り得た情報も担任に伝えるなど、お互いが情報共有しながら生徒一人一人に向き合っています。

その他にも、学校行事や個人懇談会などを利用して直接保護者と話すこともあります。生活保護受給家庭の保護者に連絡がつかず、未納連絡ができない場合は、ケースワーカーとも連携を図り、情報共有しながら対応します。また、このような各学校での取り組みを「学校間連携」で検証することにより、さらに深化させたいと考えます。

実務編 第❺章第２節
宇都宮発「地域はみんなの学校」を実現する学校財務

安納知見（あんのう・ともみ）
栃木県宇都宮市立梁瀬小学校　旭地域学校園
田宮太郎（たみや・たろう）
栃木県宇都宮市立田原西小学校　田原地域学校園

　宇都宮市は、人口約52万人の中核市で、市立小中学校が93校あります。「学校教育の充実」と「家庭・地域の教育力向上」を図るため、全校に「魅力ある学校づくり地域協議会（以下、地域協議会）」が設置されています。学校・家庭・地域・企業が一体となり、地域の教育力を活かし、地域に根差した活力ある学校づくりを推進しています。平成20～23年度には53の地域協議会が国の学校支援地域本部事業を受託して活動体制を整備し、多くの成果を挙げました。

　また、平成24年度より中学校を核として設置された「地域学校園」において、施設分離型の小中一貫教育を実施し、学力保障と学校生活適応を図っています。この「小中一貫教育・地域学校園」制度をとおして「地域はみんなの学校」の実現を目指しています。さらに、学校事務機能の強化と地域学校園の運営を担うことを目的として、全地域学校園に地域学校園事務室が設置されています。

学校財務事務制度改善

　宇都宮市は、平成18年に、京都市・横浜市・千葉市とともに「全国学校財務開発研究会」を組織し学校財務制度改善に取り組み、学校裁量を拡大するとともに、ICT化を推進し学校財務の標準化・明確化を実現してきました。

　私たちは採用２年目でありまだ経験が浅いのですが、前半は、安納知見が所属する旭地域学校園の取り組み、後半は、田宮太郎が地域協

宇都宮市における主な学校財務制度改善		
平成	18年度	総枠裁量予算制度導入
		学校物品有効活用システム導入
	19年度	提案型裁量予算制度導入
	20年度	公費会計財務システム導入
		地域協議会活動経費交付金
	21年度	学校応援基金制度ガイドライン
	24年度	地域学校園予算制度導入
		学校徴収金会計事務システム全校導入
	26年度	インターネットバンキング導入

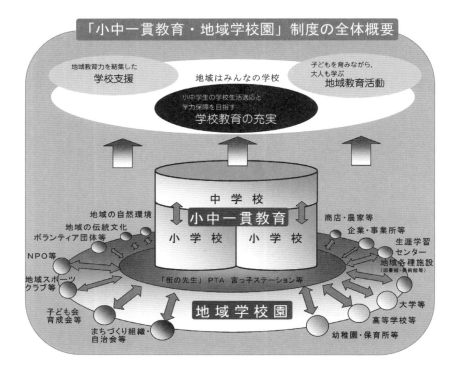

議会予算の事例について紹介いたします。

地域学校園予算制度〈安納知見〉

　地域学校園を円滑に運営していくために、次のような予算が設けられています。それらの地域学校園予算の編成・執行・決算は、地域学校園事務室長を中心に地域学校園事務室で行っています。

（1）地域学校園推進事業交付金

　保護者や地域に地域学校園の取り組みを周知するための予算として、すべての地域学校園に5万円交付されています。

　旭地域学校園では、園内の学校給食の取り組みを多くの市民に知っていただくため、市主催の食育フェアに地域学校園として出展しPRに努めています。その経費や、「地域学校園だより・カレンダー」作成等の経費を執行しています。

（2）授業力向上プロジェクト事業交付金

　地域学校園で教員の授業研究に取り組むための予算として全地域学校園に10万円交付され、さらに研究の内容や方法に応じて増額されています。事業計画書は小中一貫教育推進主任が、予算書は地域学校園事務室が作成し、地域学校園運営会議で協議した後に交付申請を行います。予算編成に当たって、学校配当予算執行計画と調整を行い、学校配当予算では執行が難しい講師謝金や研究資料購入等を優先的に計上しています。

　旭地域学校園には特別支援教育の拠点校があり、昨年度は全国特別支援教育研究大会の公開授業の会場となりました。交付金予算で研究図書の購入等を行い、園内各校で回覧するなど授業力向上に努めました。今年度は、「キャリア教育による人間関係形成能力の育成～豊かな人間関係の構築を目指して～」をテーマに授業研究に取り組んでいます。

（3）学校配当予算科目の変更──地域学校園振興費の新設

　「小中一貫教育・地域学校園」制度導入に合わせ、学校配当予算科

目に「地域学校園振興費」(第1部第3章第2節の表13参照) が新設され、学校配当予算の多くがこの科目に移行されました。それまでの校種別から小中が同一の予算科目を使用することになり、地域学校園単位でより弾力的な予算執行が可能となりました。

(4) 地域学校園共用備品要望

　地域学校園振興費の新設により、学校備品とは別に地域学校園共用備品を予算計上することができるようになりました。使用時期が重ならず、学校間移動ができるものや、学校間交流活動で使用するものを共用備品とし、使用頻度やスペース・地理的条件等を考慮し保管校を決め、予算計上します。共用備品予算は保管校に配当され、予算執行・備品登録を行っています。

　旭地域学校園では、園内各校が平成29年度関東地区音楽教育研究大会の会場校になるため、音楽教育の環境整備を重点的に進めています。少ない予算を最大に活かすため高額な楽器類は共用備品として予算計上していく計画です。昨年度は、城東小に和楽器、簗瀬小に楽器、中央小に小学校運動会で使う大玉、旭中に小中特別支援学級交流会で使用する教材を、今年度は旭中に高圧洗浄機を共用備品として整備し活用しています。

　また、特別支援教育では、小学校卒業後引き続き中学校でも使用する個別教材等も多く、個に応じた教材を充実させていくために、共用備品の要望はさらに増えそうです。

(5) 地域学校園内所管替

　さらに、地域学校園共用備品の購入予算として配当された予算の過不足調整が必要な場合等は、園内 (払・受) 両校の校長および事務室長・学園長の決裁後、「地域学校園内配当予算所管替要求書」を市教委に提出し所管替することができるようになりました。

　旭地域学校園では、地域学校園共用備品予算が不足していた城東小に中央小の同予算執行残を所管替することで、計画どおりに備品を整備することができました。今後、特別支援学級の合同学習活動経費や

共同購入に関する予算は所管替し、一括して予算執行していく予定です。

(6) 学校財務の専門家

「地域学校園予算制度」の導入により、宇都宮市の小中学校は地域学校園ごとの特色を打ち出せるようになっています。学校園単位で柔軟に使える予算を、どのように執行していくかが、学校財務の専門家である事務職員の腕の見せどころです。

学校や地域の特徴を踏まえ、教職員や地域の方々の声を聴き、その地域に応じた予算計画を作成することが大切です。そのための資質能力向上の必要性を感じています。

地域協議会予算〈田宮太郎〉

地域協議会の事業経費は、市教委からの交付金のほか、参加者からの負担金や学校応援基金等を充てることになっています。

(1) 魅力ある学校づくり地域協議会活動経費交付金

市教委からすべての地域協議会に上限40万円が交付され、講師謝金・旅費・消耗品費・印刷製本費・通信運搬費・賃借料・会議費・役務費・地域コーディネーターの活動経費として執行しています。地域コーディネーターは、学校と地域の両方の状況を把握できる地域協力者の中から選任され連絡調整を行っています。この地域コーディネーターが全地域協議会に配置されていることと、活動経費が市から交付されていることにより、地域協議会の活動が円滑かつ安定的に行われています。

講師謝金の源泉徴収など会計処理が複雑なこともあり、事務職員が会計を担当している地域協議会もあれば、事務職員が監査し地域コーディネーターや副校長が会計を担当している地域協議会もあるなど事務職員の関わり方はさまざまであり、今後の課題といえます。

(2) 学校応援基金

学校応援基金は、学校を特定した寄付金を受け入れるためのしくみ

であり、地域と一体となった学校づくりを推進するためのしくみです。市教委は平成21年に基金設立・運営のためのガイドラインを作成しました。このガイドラインに沿って、現在93地域協議会のうち53地域協議会に学校応援基金が設置され、地域協議会の活動資金や学校教育の支援等に活用されています。

　ガイドラインに示されている基金は、保護者やOBなどの個人、同窓会やPTAなどの団体、地域、企業からの自発的な意思に基づく寄付金や地域協議会自ら行ったバザーの益金等であり、活用の事例として、児童生徒の大会参加交通費援助など部活動への支援・ボランティア作業の道具や材料の購入・教育ボランティアへの交通費などの支援等が挙げられています。学校は、基金の活用に関して意見を述べることができますが、学校職員が基金の設立や運営に直接携わることは禁止されています。

（３）学校応援基金を活かした教育環境整備

　東日本大震災後、多くの児童が情緒不安定になったことから、その解決策として地域協議会と学校が協力し合いウサギ小屋改築を行い、小動物と子どもがより身近に触れ合える環境整備を行った小学校があります。基礎工事は公費予算により専門業者が行い、ボランティアが金網張りやペンキを塗りました。その経費の一部に地域協議会によるバザー益金等の学校応援基金が活用されました。公費と学校応援基金をはじめとする学校支援予算を組み合わせ、多くの方々の尽力によりウサギ小屋ができあがりました。

　また、体育館が改築された中学校では、地域協議会に工事の進捗状況や関連予算について説明を重ねてきたことにより学校教育環境整備への関心が高まり、学校応援基金が設立されるきっかけとなりました。さらに、地域協議会による体育館内覧会等を通して、学校施設設備への関心が地域全体に広まりました。地域の方はもとより、地元を離れた卒業生などからも学校応援基金へ寄付が寄せられるようになりました。また、学校施設アンケートに寄せられた生徒の声を反映し、

ボランティア作業で体育館周辺の空き地を芝生化し、正門付近に伝統の松を活かした庭園をつくるなど、学校と地域が一体となって学校環境整備の充実が図られています。

（４）財務は学校事務職員の中核業務

　地域協議会予算は、地域に根ざした特色ある学校づくりの助けになっています。特に学校応援基金は、「地域の子どもたちへの想い」を具現化するものであり、その活用方法の検討において多くの地域の方々の意見を聞き、学校の意見を参考に寄附者の意向や地域協議会の方針を踏まえて決定されています。この「地域の学校づくり」をさらに推進していくためには、学校は、財務等も含めた学校情報を積極的かつわかりやすく提供し、多くの方々に学校への理解を深めていただくことが大切になると考えます。

　宇都宮発「地域はみんなの学校」の取り組みは、着実に成果を挙げています。私たちも若輩ではありますが、学校事務職員の中核業務である財務運営を通して、学校と地域との連携を担い、学校づくりに尽力していきたいと思っています。学校事務は広範囲にわたり大変な面もありますが、やりがいのある仕事だと誇りに思い頑張っています。

実務編 第❺章第３節
学校での契約と事務手続き

西山由花子（にしやま・ゆかこ）
岡山県久米南町立久米南中学校　事務主任

　具体的な契約、執行手続き、教育委員会との事務分担など財務事務の実務に関する部分は、市町村によって大きく異なります。自分の経験を通し、学校での契約について書いてみたいと思います。

岡山県久米南町の状況

　久米南町は人口約５千人の町です。町内には小学校が３校、中学校が１校あります。予算執行の権限は学校に全くありませんが、学校の要望は尊重されており、町費で常勤講師３名、県費非常勤講師と兼務の非常勤職員を６名配置するなど、教育に手厚い町です。

　予算は要求型で前年度の12月10日前後に来年度の予算要求書を財務会計システムで作成し提出します。翌年の教育活動を見越して予算要求を行いますが、新年度になってからでも予算内であれば要求備品等の変更ができ、申請し認められれば目節間流用も可能です。また、補正予算も必要に応じて要求することができます。学校に関係する予算はほぼ学校が要求し、教育委員会等の査定を受け、決定されます。毎年必要な経常経費（町費講師の賃金や校医報酬から光熱水費等）と、単年支出の臨時経費（備品やあらかじめ計画している修理等）に分かれています。

　修繕などは要求内容に応じて予算がつきますが、経常経費は前々年度の決算額を参考に査定されるため、特に消耗品については増額を要求しても当初予算が前年度よりも増額になることはあまりありません。

学校での契約

　久米南町では、合計金額10万円以上の消耗品、備品、5万円以上の修繕、使用料および賃借料、中学校のみランチルームのリフト点検の委託料（建物の1階が給食センター、2階がランチルームになっています）では、見積伺いか随意契約の場合には契約伺いを教育委員会に提出します。警備業務の委託及びAEDのリース契約など学校に関するものは教育委員会、清掃業務、冷暖房機点検、電気保安業務などは、総務企画課（久米南町で財政を担当する課）が町全体のものをまとめて契約するため、学校が伺いを作成することはありません。

物品の購入

　10万円以上の消耗品や備品の見積伺い時には、どの業者から見積を徴収するか、購入する物品の仕様書とともに見積徴収の文書（案）を提出します。決裁が下りたら、業者に依頼を行い、見積書の提出を受けた後、見積顛末書と契約書（案）を作成し、教育委員会へ購入伺いを行います。教育委員会の決裁後、契約書を決裁日で作成し業者へ送付します。この時、契約はすべて町長名で行います。

　契約書は原則、町で定められた様式を使用します。コピー機等の5年間にわたるリース契約など長期契約の場合には、長期契約用の契約書を使用します。使用料および賃借料や委託料の契約では、町の指定の契約書以外の様式を使用することも可能です。ただし、この契約もすべて教育委員会への伺いが必要です。

　契約書を交わし、物品が納入されたら、物品検収復命書を作成します。物品検収復命書には、納品後の写真を添付します。この時、品名と個数、検収日を書いたボードや用紙を持って管理職が一緒に写ることになっています。検収立会人が管理職となっているためです。この手続きは、町役場も同じで、検収立会人は課長となっています。

　予算執行の時には、各校に設置されている財務会計システムで支出

負担行為兼支出命令書を作成し、裏面に請求書を添付し、物品検収復命書とともに、教育委員会へ提出します。決裁欄には、事務職員が押印後、教育委員会の担当者、課長となっており、教頭、校長の押印はいりません。

修繕の手続き

5万円以上の修繕の場合は、修繕の内容によって異なりますが、基本的には修繕伺いとともに、業者の見積書、注文書および請書の案を提出し決裁を受け、修繕終了後には、修繕工事完了検査復命書とともに修繕前と修繕途中、修繕終了後の写真を添付し提出します。業者から見積を事前にとって伺いを行うことが基本ですが、5万円未満の場合には伺いは必要ありません。

また、修繕の予算は日常の突発的なものに備えた経常経費の修繕料と計画的に行われる臨時の修繕料とに分かれています。予算執行の際には、修繕工事完了検査復命書と写真とともに支出負担行為兼支出命令書を提出します。

校舎建築の流れ

久米南町は、町内団体、保護者、教育関係者からなる久米南中学校校舎等改修・改築検討委員会を立ち上げ、この委員会から平成23年2月に中学校は全面改築が望ましいとの答申を受けました。その後、久米南中学校改築整備委員会が、校舎の基本コンセプトを決定し、平成24年度には公募型プロポーザル方式により基本設計および実施設計業務の発注が行われました。私はこの平成24年4月に久米南中学校へ赴任しました。

校舎改築は、前任校でも経験がありましたが、前任校があった津山市では、教育委員会の担当課に要望したり、建築の内容（設備・備品）などの確認を行ったりしましたが、業者へ直接要望することはありませんでした。

久米南町でも教育課が業者と打ち合わせを行っていましたが、現場での調整などは学校が直接業者と行いました。特に詳細設計については何度も業者へ教職員の要望を伝え、打ち合わせを重ねました。

　詳細設計は平成24年度中にほぼ終わり、平成25年7月から旧校舎を解体、10月に解体完了後、体育館から建築を始めました。この時期には、校舎改築業者と教育課との月2回の定例会議が行われ、そのうち月1回は、管理職とともに事務職員の私が参加し、最終打ち合わせを行いました。新校舎は平成26年11月末日に完成しています。

備品購入の手続き

　平成25年11月、来年度の予算要求時に、改築後の備品としてカーテンをはじめ、美術室、技術室、会議室、職員室の机やいすなど必要な物品についてリストを作成しました。特別教室は担当教科教員、普通教室・多目的教室等については、国語、数学等の普通教室で授業を行う教員、廊下、ホール等は、管理職と事務職員である私で分担しました。予算が全額つくのは難しいとの話が事前にあったので、各担当者から要求物品についての話を聞き、既存で対応が可能なもの、買い替えが必要だが翌年度以降でも大丈夫なもの、必ず今回の予算で購入しておかなければならないものと、購入する優先順位を考えリストを作成しました。

　津山市の時と久米南町の時の大きな違いは、学校にその予算が配当されたか、学校に分任出納員がいるかではないかと思います。

　津山市では支出負担行為権が校長に単価20万円未満、総額30万円未満までありましたが、改築後の備品の予算は学校に配当されていませんでした。教育委員会の担当課に備品の仕様について学校の要望を伝えることはできましたが、直接物品の決定や購入を行うことはできませんでした。検収は事務職員が学校の分任出納員（新規採用の場合は、6か月間は校長）であるため、私が現物を確認し、書類に押印して提出しました。検収後、備品登録を行いましたが、津山市では机・

いす・棚等は１万５千円以上、その他は３万円以上が備品となっていることや、カーテンは設備として設置され、追加で設置したカーテンも消耗品扱いであったため、備品に該当するものが限られており、当初思っていたよりも登録は少なくてすみました。

　久米南町では、校舎改築による物品購入の予算の配当がすべて学校にあり、見積伺い→契約伺い→契約→物品検収復命書という順序ですべて手続きを行いました。９月に入ると業者へ見積依頼を行いました。見積はある程度同じ備品をまとめることでより安価にできるのではないかと考え、美術室・技術室の生徒用机・いす、事務用机・いす、清掃道具などに分けて見積依頼を行いました。また、そのために、多くのメーカーのものが見積できるよう参考物品は記載したものの、仕様書は必要最低限のもので作成しました。結果、予定よりも多くの備品が購入可能となりました。

　久米南町では備品は耐久年数が１年以上で形状が変わらないものとされているため、購入備品が多くなり、特に備品登録は大変な作業になることを覚悟していました。しかし、共同実施の業務として行うことができ、かなり効率的に処理することができました。

物品検収復命書の作成

　物品が多数同時期に納入され、また、納入から１か月以内には支払いを行わなければならなかったことから、検収は大変でした。

　検収立会人を管理職とし、物品を写真撮影し、その写真を添付して物品検収復命書を提出します。美術室・技術室のように一部屋に購入物が一緒に設置できている部屋はまだ容易でしたが、カーテンも備品だったため、校舎のすべての窓を管理職と一緒に回り、さらにどこの教室のカーテンかわかるように記入したボードも一緒に持って回る必要がありました。事務職員が物品を確認し検収印を押す、事務職員が分任出納員になっている津山市と比較すると、事務処理は煩雑になっています。

学校の裁量権拡大

　平成10年9月の中央教育審議会答申「今後の地方教育行政の在り方について」や、平成17年の「新しい時代の義務教育を創造する」において、学校裁量権の拡大が必要であるとされ、その理由として、学校の自主性・自律性の確立と特色ある学校づくりや保護者・地域住民に直接説明責任を果たしていくためとされています。

　久米南町は一つの町に1校の中学校のため、教育課と学校の関係が密接です。大きな自治体では、各地域の実情により即した学校経営を行うためには、学校の裁量権の拡大は重要であると思いますが、町に一つの中学校の場合、特色ある学校づくりにおいて、学校と教育課の思いが離れたものになるとは思えません。教育課と学校がともに学校を運営しているように感じることが多いです。むしろ、学校の裁量権の拡大は、合理的かつ効率的な事務処理および対応ができる点で、効果的なのではないかと思います。合理的かつ効率的な点については大きな自治体においても共通しているのではないでしょうか。

　津山市と久米南町とでは学校の裁量権は異なります。いずれにしろ、契約等について知識をもったうえで、保護者や地域住民に説明できるように責任をもって事務処理を行っておくことが大切であることは変わらないと思います。

公立学校財務の制度・政策と実務

用語解説

用語解説

（本多 正人）

●官庁会計
[第1部第1章第2節]

　国・地方自治体の会計制度を政府会計といったり公会計といったりすることがあるが、政府会計の特徴を企業会計との対比で表現する場合はしばしば官庁会計方式といわれる（石井薫・茅根聡『政府会計論』新世社、1993年）。収益・費用をどの時点で認識するかという会計上の認識基準では現金主義（現金による収入・支出があった時）を、記帳形式としては単式簿記（現金の出納、債権・債務などのそれぞれの帳簿間での関連性がないもの）を採用していることが特徴とされる。発生主義（現金の収入・支出にかかわらず経済的価値の増減があった時に認識）と複式簿記（一つの取引を各勘定の借方と貸方の2か所に記帳することで資産もしくは負債の増減とその要因を二面的に把握し、各帳簿間の関連付けもなされる記帳形式）を特徴とする企業会計と比べたとき、前時代的な会計制度という評価がなされがちである。国・地方自治体の行財政改革の一環として企業会計的手法の導入はすでに試みられている。

　単式簿記の欠点を利用した不適正な財務処理を続けた結果財政破綻した夕張市（2007年に準用財政再建団体になり、2010年からは財政再生団体となっている）の例をきっかけに、2008（平成20）年度以降は、毎年度、実質赤字比率・連結実質赤字比率・実質公債費比率・将来負担比率の4指標（健全化判断比率）を監査委員の審査に付したうえで議会に報告し市民に公表しなければならず、例えば将来負担比率には発生主義的な要素が取り入れられている。第1部第2章第4節の新地方公会計制度における財務書類4表（普通会計についての貸借対照表、行政コスト計算書、純資産変動計算書、資金収支計算書。特別

会計も含めたものは連結財務書類4表という）も同様に、発生主義的な考え方に立つ。もっとも、利益追求を目的としていない国・地方自治体の会計制度を変えることで財政改革が成功するという明白な証拠はないとの見解もある。

●フリーライダー問題（free-rider problem）
［第1部第3章第4節］

　財やサービスの対価を払わずに便益を受けている人が存在することをいい、一般的には非排除性のある公共財・サービスで起こる（例えば受信料を払わずにNHKを視聴する人など）。学校給食の場合、費用を負担しない者を排除すること自体は比較的容易で、現に北本市の中学校長会は、学校給食費の支払い能力があると推測されるのに滞納を続ける家庭に対して給食を提供しない方針を決めたと報じられている（「『未納なら給食停止』埼玉・北本市が通知　43人中41人納付へ」『読売新聞』2015年6月27日）。学校給食法には「学校給食を実施するに当たっては、義務教育諸学校における教育の目的を実現するために、次に掲げる目標が達成されるよう努めなければならない」（学校給食法第2条）と、教育目的実現への貢献が謳われており、また学校給食実施基準（平成21年文部科学省告示第61号）第1条には学校給食を実施する学校においては、「当該学校に在学するすべての児童又は生徒に対し実施されるものとする」と書かれている。しかも調理施設の施設設備費や修繕費、人件費は自治体の負担と法律に明記されており、また調理に要する光熱水費にも一般的には公費（税）が投入されるため市場価格と比べて児童生徒には格段に安い価格で提供されている。

　こうしてみると本来フリーライダーを排除可能な学校給食が非排除性のある公共サービスのような供給のされ方になっている。保護者が負担する給食費には実費徴収の性格があることは明らかであるし、中学校給食では学校給食実施基準の前記規定にもかかわらず、全員喫食

に向けた過渡的措置などの論理で、弁当持参との選択制としている例も珍しくなく、フリーライダー問題だけを考えれば、デリバリー方式での事前申込（予約）制は有効かもしれない。八王子市の中学校給食も一部の学校を除いて弁当併用デリバリーランチ方式で実施しており、事前申込制かつ定額前払い（チャージ）式になっている。しかしデリバリー方式の場合、副食を温かいまま提供できない点や個別に量の調整をできない点、また公費支出に係る公平性問題が生じるといった欠点がある。

● **ホームスクーリング**
［第1部第3章第1節］

　米国の各州法における義務教育規定は、学齢児童生徒に公立または私立の学校への通学を義務付ける（compulsory school attendance）のが一般的であるが、州政府等が求める所定の手続きを経たうえで児童生徒の保護者が家庭等において自ら教育することで義務教育を代替させることもできる。これをホームスクーリング（home schooling）、ホームエデュケーション（home education）などと呼んでおり、宗教上の理由のほか、公立学校教育への不信感や近隣に学校がないなどを理由にすることもある。実施方法や州の法令による規制の強弱などは多様であるが、1980年代以降はどの州でも合法的な行為になっている。

　ホームスクーリングを選択している児童生徒数の把握は推計によるしかないが、177万人（2012学年度、5歳～17歳、連邦教育省推計）とも220万人（National Home Education Research Institute推計）とも言われ、増加傾向にある。公立学校に通っていれば公費により受けられたであろうサービス（教科書の貸与、学校備え付けの教材や文房具、公費が投入されている部活動・学校行事への参加）をこうした児童生徒に提供するかどうかは、州によって対応が分かれる。税制上の優遇措置で対応する州もあり、例えばイリノイ州ではホームスクーリ

ングに伴い保護者が支出した教育経費（例えば教師用指導書の購入費、体育の授業の代替として利用したフィットネスクラブの料金や科学実験を履修するための実験室レンタル料など）の税額控除制度がある。米国の学校区が州政府からの経常費補助を受ける場合や公立学校が学校区から予算配分をされる場合は児童生徒数が算定基礎の一つになるが、在籍児童生徒数ではなく日平均出席児童生徒数を用いることが多いため、学校区・学校側からすれば通常の生徒と同様のサービスをホームスクーリング生徒に提供することは財政上不利になる。

●予算書
[第1部第1章第1節]

　予算それ自体は歳入歳出の計数のことであり、具体的な文書として示される場合には地方自治法施行規則第14条及び別記（第14条関係）により一般会計予算の様式が定められており、特別会計や補正予算もこの様式に準じて調整することになっている。この様式は国の予算でいう予算総則と同様に条文形式になっており、歳入歳出予算の次のような規定「第1条　第1項　歳入歳出予算の総額は、歳入歳出それぞれ〇〇〇千円と定める。第2項　歳入歳出予算の款項の区分及び当該区分ごとの金額は、『第1表歳入歳出予算』による。」から始まり、債務負担行為、継続費、繰越明許費、地方債、一時借入金、歳出予算の流用などで構成される。地方自治体の首長は予算を議会に提出するときは、政令で定める予算に関する説明書を併せて提出しなければならない（地方自治法第211条第2項）とされ、学校に関連があるのはそのうちの一つ、歳入歳出予算事項別明細書（地方自治法施行令第144条第1項第1号）である。例えば（目）小学校管理費の（節）需用費の説明欄に所管する学校ごとに予算額を示すような自治体もある。

あとがき

　本書のもとになった連載の企画は、本書の執筆者でもある西山由花子氏と有坂幸子氏（真鶴町立真鶴中学校）のお二人の提案が発端であった。日頃から学校財務の実務に関心を寄せてきたこともあって、相談を受けて気軽に引き受けてはみたものの、自分自身に課した毎月の締め切り日にでき上がったことはほとんどなかったように思う。それでも途中で投げ出すことなく連載を終了させることができた。これもひとえに興味深い実践事例を紹介していただいた西山由花子氏、小式澤絹江氏、林知世氏、大谷亮介氏、三浦温徳氏、林貞行氏、中谷泰久氏、柴田正治氏、林香里氏、篠原久美子氏、渡邊康江氏、安納知見氏、田宮太郎氏のお蔭である。単行本にするに当たっても本務で多忙を極める中にもかかわらず原稿の加筆修正を快く引き受けていただいたことに感謝申し上げる。

　佐野朝太郎氏（一般財団法人神奈川県教育福祉振興会）には連載の段階でも、また本書の企画についてもさまざまな観点からアドバイスをいただいた。そして有坂氏が神奈川県内公立小中学校事務職員の方々を中心に組織している研究会（公立学校事務研究会と称している）のメンバー諸氏をはじめ、日頃から懇意にしていただいている学校事務職員の方々からも連載中の編著者の原稿に対していろいろなコメントを頂戴したことはとてもありがたかった。最後になって恐縮ではあるが、『学校事務』編集長の木村拓氏には初出の連載時から今回の単行本化まで、大変お世話になった。改めてお礼申し上げる次第である。

　連載中はこれまで自分でわかったつもりになっていたことも改めて調べ直したり、文献を読み直したりする必要に迫られ大変勉強になったし、なにより執筆者の方々の原稿から学ぶことが多かった１年で

あとがき

あった。
　編著者はこれまで大学や教職大学院で学校財務について講義をする機会に恵まれてきたが、適切なテキストがないことを痛感してきた。学校財務を取り巻く制度や政策だけを取り出して概説してみても表面的な話で終わってしまう。学事出版からはこれまでも学校事務職員向けの優れた実務解説書や研修テキストがいくつも刊行されているが、これらは逆に実務上の課題対応が重視されていて大学等での授業で取り上げるには不向きであった。『学校事務』への連載をきっかけに、こうした場面で活用されることも念頭において単行本化を目指し、でき上がったのが本書である。目的が果たせたかどうか、心もとないところもあり、読者には率直なご批判を賜りたい。

編著者しるす

※本書の第1部はJSPS科研費21330187、25381114の助成を受けた研究成果の一部である。

● 編著者紹介

本多 正人〈ほんだ・まさと〉

国立教育政策研究所　教育政策・評価研究部　総括研究官

1996年東京大学大学院教育学研究科博士課程単位取得退学、
東京大学大学院教育学研究科助手、国立教育研究所研究員を経て現職。
★主な著書
『教育委員会制度再編の政治と行政』（編著）、多賀出版、2003年。
『市民と創る教育改革：検証：志木市の教育政策』（分担執筆）、日本標準、2006年。
『教育行政学（改訂新版）』（分担執筆）、学文社、2015年。
『教育行政と学校経営』（分担執筆）、放送大学教育振興会、近刊。

公立学校財務の制度・政策と実務
（こうりつがっこうざいむ　せいど　せいさく　じつむ）

2015年8月27日　発行

編著者　本多正人
発行人　安部英行
発行所　学事出版株式会社
　　　　〒101-0021　東京都千代田区外神田2-2-3
　　　　電話　03-3255-5471
　　　　HPアドレス　http://www.gakuji.co.jp

©HONDA Masato, 2015
編集担当　木村　拓
編集協力　古川顯一
装　幀　岡崎健二
印刷・製本　双和印刷

落丁・乱丁本はお取り替えします。
ISBN978-4-7619-2154-5　C3037　printed in Japan